Eberhard Schrader

Zur Frage nach dem Ursprunge der altbabylonischen Kultur

Eberhard Schrader

Zur Frage nach dem Ursprunge der altbabylonischen Kultur

ISBN/EAN: 9783743434349

Hergestellt in Europa, USA, Kanada, Australien, Japan

Cover: Foto ©ninafisch / pixelio.de

Manufactured and distributed by brebook publishing software (www.brebook.com)

Eberhard Schrader

Zur Frage nach dem Ursprunge der altbabylonischen Kultur

Zur Frage

nach dem

Ursprunge der altbabylonischen Cultur.

Von

Eb. Schrader.

Aus den Abhandlungen der Königl. Preufs. Akademie der Wissenschaften zu Berlin
vom Jahre 1883.

Gelesen in der Sitzung der philos.-histor. Classe am 8. Februar 1883 und in der Gesammt-
Sitzung am 6. December 1883 [Sitzungsbericht St. VII. S. 189 und St. XLIX. S. 1217].

Berlin 1884.
Verlag der Königlichen Akademie der Wissenschaften.

Zum Druck eingereicht am 4. März 1884, ausgegeben am 25. April 1884.

I.

Schon bald nach den ersten erfolgreichen Versuchen der Entzifferung der dritten Keilschriftgattung und damit der Schrift der assyrisch-babylonischen Keilinschriften erhob sich die Frage nach dem Ursprunge dieser eigenartigen Schrift mit ihrem dem Wesen des Semitismus so wenig entsprechenden syllabarischen Charakter und vollends mit ihrem Ideogrammatismus, eine Frage, die sich bald aus nahe liegenden Gründen zu der weiteren nach dem Ursprunge der bezüglichen Literatur und weiter Cultur überhaupt zuspitzte. Abgesehen von einem sehr begreiflichen Schwanken im Beginne der Entzifferung entschieden sich die Fachmänner ohne jede Ausnahme für die Ansicht von dem nichtsemitischen Charakter und Ursprung dieser Cultur und insbesondere von dem nichtsemitischen Ursprung der Schrift mit ihrem aus dem Wesen des Semitismus nicht zu erklärenden syllabarisch-ideogrammatischen Charakter. Die noch von Layard entdeckten, von Norris, Smith und Späteren dann veröffentlichten Syllabare — die zweicolumnigen ebenso wie die dreicolumnigen — bestätigten für sie diese Annahme. Boten die dreicolumnigen Syllabare in ihren rechts von den zu erklärenden Zeichen sich findenden phonetisch geschriebenen Wörtern augenscheinlich den Sinnwerth des betreffenden Zeichens, so konnten die Columnen links von demselben bei einer ganzen Gruppe dieser Syllabare nur die Lautwerthe der betreffenden Zeichen enthalten, so jedoch, daſs daneben entschieden auch Zeichenwerthe in der linken Columne vorkamen, welche nicht Sylbenwerthe, dann vielmehr Sinnwerthe waren und nur dieses sein konnten. Weitere Untersuchungen, zum Theil auf neuere Funde solcher Syllabare gegründet, gaben an die Hand, dafs auch diese dreicolumnigen Syllabare wieder verschiedenartig waren. Zu denjenigen, welche in der dritten rechten Columne die verschiedenen Sinnwerthe der Zeichen boten, gesellten sich solche, welche lediglich die Namen der betreffenden Zeichen aufführten, deren Werthe in der ersten, linken Columne verzeichnet waren. Und wiederum hoben sich unter diesen dreicolumnigen Syllabaren als eine besondere Gruppe solche aus, die wie rechts offenbar semitische Sinnwerthe, links unzweifelhaft ebenfalls Sinnwerthe, aber solche von jedenfalls überwiegend andersartigem Typus boten. Dafs man es hier irgendwie mit Wörtern zu thun hätte, stand für die Fachmänner fest; dafs aber diese Wörter nicht solche semitischen Ursprungs waren, konnte vielleicht bei dem einen oder andern zweifelhaft sein: bei der überwiegenden Mehrzahl schien dieses zu Tage zu liegen. Der Biliteralismus dieser andersartigen Wörter drängte sich unmittelbar auf: die Wörter oder Wurzeln von triliteralem, d. h. semitischem Charakter, welche inmitten derselben auftraten, erweckten durch ihre bei einer Reihe von ihnen ganz unverkennbaren semitischen Anklänge den Verdacht, fremdsprachlicher Art, von aufsen her importirtes Gut zu sein. Und was so schon durch diese dreicolumnigen Syllabare nahegelegt war, ward für die Fachmänner bestätigt durch die zweicolumnigen Syllabare, insbesondere eine Gattung derselben. Auch diese zweicolumnigen Syllabare enthielten zum Theil rechts lediglich ein semitisches Wort, links ein andersartiges. Aber eine ganze Reihe von solchen boten in beiden Columnen nicht blofs einzelne Wörter, sondern zugleich ganze kürzere oder selbst auch längere Sätze, Phrasen würden wir sagen. Und verglich man nun diese sicher semitischen Sätze oder Phrasen der rechten Columne mit denjenigen der linken, so trat dem Untersuchenden nicht blofs eine Reihe ganz andersartiger Zeichen und Zeichengruppen — wir sagen, um nicht zu präjudiciren, hier eben nicht „Wörter" — entgegen, sondern auch die ganze Anordnung der jedesmal entsprechenden Zeichen war eine wesentlich andere als diejenige, welche in der rechten, semitischen Columne vorlag, beziehungsweise nach dieser zu erwarten war. Die den semitischen Wörtern der rechten Columne im Einzelnen und an und für sich entsprechenden Zeichen oder Zeichengruppen boten sich in einer ganz andern *nach dem Ursprunge der altbabylonischen Cultur.* 5

Folge dar, als wie es nach der ersteren zu erwarten stand: was gemäfs der rechten Columne hätte zuerst gestellt sein sollen, erschien zuletzt gestellt und umgekehrt, dieses aber wieder keineswegs durchgehends, sondern nur in bestimmten, bald festzustellenden Fällen. Hatte man es nun in der linken Columne mit todten Zeichenbildern, starren Hieroglyphen zu thun, so mufste nothwendig eine solche Änderung der Ordnung der Zeichen überraschen. Es schien dieses erklärlich lediglich, wenn sich unter den für rein hieroglyphisch gehaltenen Zeichengruppen eine Sprache und dazu ein Idiom von andersartigem Charakter barg, als dasjenige der rechten d. i. semitischen Columne war. Fortgesetzte Untersuchungen sowohl dieser linken Columnen der Syllabare, als auch derjenigen zusammenhängenden Texte, welche in einer ersten, oberen Zeile jene andersartigen Zeichen und Zeichengruppen, in der zweiten, darunterstehenden die semitischen Wörter und Sätze boten, bestätigten und ergänzten die gefundenen Resultate und führten zu dem Gesammtergebnisse, dafs wir es bei dem Idiom der linken Columnen u. s. w. insbesondere mit einer agglutinirenden Sprache zu thun hätten, über deren näheren Zusammenhang mit anderen Sprachzweigen: dem altmedischen (?) Idiom (Sprache der zweiten Keilschriftgattung), dem elamitischen Idiome, oder auch dem semitischen Sprachstamme Sicheres zunächst sich nicht ausmachen lasse. Gegen diese Schlufsfolgerung erhob sich nun Jos. Halévy in einer Abhandlung im Journ. Asiatique 1874, überschrieben: *Observations critiques sur les prétendus Touraniens de la Babylonie* (Juniheft 461 ff.). Die Veröffentlichung führte zu weiteren literarischen Auseinandersetzungen, an denen sich aufser Oppert, Lenormant und A. H. Sayce auch der Vortragende betheiligte (s. die Abhandlung: „Ist das Akkadische der Keilinschriften eine Sprache oder eine Schrift?" in Zeitschrift der Deutschen Morgenländischen Gesellschaft, Bd. XXIX, Jahrg. 1875, S. 1 ff.). Soweit nun Halévy gegen den verschiedentlich behaupteten Turanismus des Akkadischen — wie die Sprache der linken Columne benannt ward und nach unserer Ansicht wegen II Rawl. 36 I Rev. Z. 12 auch benannt werden sollte, wenn man nicht dem volleren Namen: Sumerisch-Akkadisch den Vorzug geben will, — ich sage, soweit sich Halévy gegen den behaupteten Turanismus dieser Sprache wandte, glaubte ich ihm, insofern damit eine bestimmte linguistische Einreihung ausgesprochen war, Recht geben zu sollen¹). In meiner oben citirten Abhandlung S. 52 ist solches noch des Näheren dahin präcisirt, dafs zwar „die grammatische Structur dieser Sprache in den grofsen Hauptsachen zu Tage liege: ihre Einreihung in die bekannten Gruppen von Sprachen aber nicht gelingen wolle." Fest steht lediglich, dafs die Sprache zu der „Gruppe der agglutinirenden Idiome" gehört (S. 52)²). Unabhängig von dieser Frage nach der linguistischen Verwandtschaft der betreffenden Sprache ist die andere nach dem allgemeinen Charakter derselben, sowie die Vorfrage, ob in der linken Columne der Syllabare und den Oberzeilen der bilinearen Texte überhaupt eine Sprache enthalten ist? — Der Erörterung dieser Frage ist meine vorhin angezogene Abhandlung gewidmet. Dieselbe kommt zu dem Resultate, dafs die entgegenstehende Ansicht Halévy's, dafs wir es bei den betreffenden Texten nicht mit einer Sprache, denn vielmehr mit einer künstlichen Schrift zu thun hätten, scheitere 1) an dem lautlichen Charakter derjenigen Sprache, welche die Erfindung der Keilschrift dritter Gattung zu ihrer Voraussetzung hat, insofern das Schriftsystem der Babylonier dem Wesen einer semitischen Sprache nicht entspricht (S. 5 —7); nicht minder 2) an den Lautwerthen der Zeichen der linken Columnen, welche — von klar zu Tage liegenden und sich unschwer erklärenden Ausnahmen abgesehen, — sich nicht auf assyrisch-semitische, denn vielmehr auf andersartige, nichtsemitische Wörter zurückführen und auf Grund dieser erklären lassen (S. 7—14); des Ferneren 3) an dem Umstande, dafs die Zeichen der linken Columnen keineswegs, wie man es bei der Halévy'schen Annahme des ausschliefslich hieroglyphisch-ideogrammatischen Charakters der betreffenden Texte zu statuiren hätte, invariabel sind, vielmehr auch phonetisch sich auseinanderlegen und zugleich

---

¹) Vgl. hiermit meine Bemerkung auf dem Londoner Orientalisten-Congrefs vom Jahre 1874 (*Transactions and proceedings of the sec. Congress of Orientalists* p. 422): „... that the Turanian character of the second kind of Cuneiform Inscriptions and of the so-called Accadian language of old Babylonia was not certain and it would be best to avoid this name in order to prevent misunderstanding."

²) Oppert in seiner Schrift: *Touranien ou rien* (Journ. Asiat. 1874) und Lenormant in seinem Werke: *la langue primitive de la Chaldée et les idiomes Touraniens*, glaubten ihrerseits mit Entschiedenheit für den Turanismus und den finnisch-tatarischen Charakter dieser Sprache eintreten zu sollen.

lautlich variiren (neben *maḫ* auch *maḫ-ḫi* und *muḫ*; neben *gal* auch *gu-la* u. s. w.) (S. 14—16). Nicht minder 4) ergiebt sich dieses, so führte ich aus, aus der unverkennbaren Flexion beziehungsweise den lautlich variirenden Bildungselementen, insbesondere bei den verbalen Bestandtheilen der betreffenden Zeichengruppen beziehungsweise Sätzen dieser linken Columnen. Ich wies hin auf den Wechsel von *in-lal-i* und *ni-lal-i*, *bannaninsar* und *ban-rürü*, *ib-turi* und *abba-si* u. a. m., lautliche Varianten, welche selbst in den für invariabel erklärten, weil für hieroglyphische Zeichenbilder angesehenen Wurzelwörtern klar und sicher uns entgegentreten, wie bei *gi-na* und *gi-in*, *ḫi* (l. *dug*) *-ga* und *ḫi* (l. *dug*) *-gi* u. s. w. (S. 17—20). Dafs im Übrigen 5) rein ideogrammatische Zeichen bereits auch in der alten Sprache bezw. in der andersartigen Schrift nebenherliefen, ward von uns nicht geläugnet und auf die sinnvolle Erklärung solcher Zeichen, namentlich durch G. Smith, ausdrücklich hingewiesen (S. 20—21). Damit aber habe die Frage, ob die linksseitigen Columnen ideographische Zeichen oder eine lebendige Sprache enthalten, nichts zu thun: Ideogramme könne es in der einen Schrift ebensowohl gegeben haben wie in der andern. Dieser negativen Ausführung schlofs sich eine positive an, in welcher der Nachweis angetreten wurde, dafs der Satzbau in diesen linken Columnen u. s. w. dem Wesen einer semitischen Sprache durchaus zuwiderlaufe und dafs dadurch die angenommene lediglich graphisch-bildliche Wiedergabe eines assyrisch-semitischen Satzes kategorisch ausgeschlossen werde (S. 21 —25). Es wurde das Gleiche in Bezug auf die in der linken Columne uns entgegentretende Wortbildung beziehungsweise Wiedergabe der in den semitischen Columnen uns begegnenden Flexion gezeigt, welche nämlich der letzteren, der semitischen, direct ins Angesicht schlage: hier Suffigirung, dort Präfigirung und wohl gar Infigirung (S. 25—29). Der Schlufs der bezüglichen Ausführung konnte hiernach nur dahin lauten, dafs die Flexion des Verbums der linken Columne eine semitische nicht sei und dieselbe auf die Erfindung eines Semiten nicht zurückgehe.

Und an dieser Anschauung mufs der Vortragende festhalten. Dieselbe gegen die inzwischen erhobenen Einwände von Neuem ins Licht zu setzen ist die Aufgabe der nachfolgenden Ausführung.

Wir knüpfen dabei an an eine Untersuchung Stanislas Guyard's, welche dieser Gelehrte in der *Revue de l'histoire des religions* (*Annales du*

Musée Guimet), Par. 1882, veröffentlicht hat und welche überschrieben ist: *bulletin critique de la religion Assyro-Babylonienne*. Der im Vergleich zum Inhalte der Abhandlung etwas befremdliche Titel ist wohl nur des Ortes wegen gewählt, wo die Abhandlung Aufnahme gefunden hat. In Wirklichkeit bildet nicht sowohl die Religion als die Schrift und Sprache der alten Babylonier den Gegenstand der Abhandlung und eben deshalb haben wir hier mit derselben uns zu beschäftigen[1]).

Stanislas Guyard hat richtig erkannt, dafs, will man über eine Frage, wie die hier vorliegende, ob nämlich etwas eine Schrift oder aber eine Sprache sei, zur Klarheit kommen, man seinen Ausgang nehmen mufs von dem Baue der Sprache, welche irgendwie in Schriftzeichen vorliegt oder als vorliegend zu erwarten ist. Ist etwas eine eine Sprache wiedergebende Schrift, so mufs diese Schrift dem Wesen dieser Sprache irgendwie sich anschmiegen, mufs diesem Wesen entsprechen; sie mufs dieses in einem um so höheren Maafse, wenn die betreffende Schrift von dem die betreffende Sprache redenden Volke, wie das Guyard annimmt, auch erfunden ist. Nach Guyard rühren die linken Columnen der Syllabare, die oberen Zeilen der doppelzeiligen Texte, die alten unilinguen, angeblich in Ideogrammen geschriebenen Inschriften sämmtlich wie die späteren phonetisch geschriebenen, unzweifelhaft semitischen assyrischen Texte von den semitischen Babyloniern her; eine andere Volksschicht als Semiten will Guyard und will auch Halévy in Babylonien nicht anerkennen. Was schon die alten Hebräer mit mehr oder weniger Klarheit erkannt hatten

---

[1]) Auf die von Halévy sowohl in einer späteren ebenfalls im *Journal Asiatique* erschienene Abhandlung: *Nouvelles considérations sur le syllabaire cunéiforme* (1876), als auch in den in der *Revue de philologie et d'ethnographie* 1878 erschienenen Aufsätzen: *la nouvelle évolution de l'Arcadisme*, versuchte Rechtfertigung der aufgestellten These glauben wir hier zunächst nicht besonders eingehen zu sollen, da dieselben wesentlich Neues nicht beibringen und da von uns bereits anderweit wenigstens die Hauptausführung des Genannten des Näheren gewürdigt ist (s. Jenaer Literaturzeitung 1879 S. 273 flg.). Im Verlauf auf die eine oder andere der darin vorgebrachten Meinungen zurückzukommen, dürfen wir uns vorbehalten. Wir thun solches auch bezüglich des Genannten *Étude sur les documents philologiques assyriens* in dessen *Mélanges de critique et d'histoire rélatifs aux peuples sémitiques*, Par. 1883, welche dem Vortragenden erst nach Lesung des ersten Theiles dieser Abhandlung zu Gesicht kam und deshalb nur noch beim Druck desselben mitberücksichtigt werden konnte.

nach dem Ursprunge der altbabylonischen Cultur.

und was sie durch die Bezeichnung des Babyloniers Nimrod als eines Sohnes des Kusch, nicht des Sem, so bestimmt zum Ausdruck brachten, sie, die doch Assur mit ebenso grofser Bestimmtheit an die Spitze aller Nachkommen Sems stellten: nämlich, dafs in Babylonien eine Zwiespältigkeit der Bevölkerung vorliege[1]), wird von Stanislas Guyard ebenso wie von Halévy geläugnet. Ihnen ist diese Bevölkerung eine einheitliche und zwar eine semitische, in nichts Wesentlichem von der assyrischen verschiedene. Die semitischen Assyrer bezw. Babylonier allein können, sie müssen nach den Genannten demgemäfs auch die Keilschrift erfunden haben. Ist dem aber so, so steht zu erwarten, dafs in jenen ältesten Codificirungen ihrer Gedanken diese Gedanken, auch was den Ausdruck derselben in Worte betrifft, sich wiederspiegeln werden, d. h. aber, dafs zunächst die äufsere Wortfolge in der Schrift dieselbe sei, wie in der gesprochenen Sprache; dafs nach dieser Richtung Schrift und Sprache sich decken. So ist es der Fall, Ausnahmen, wie sie überall vorkommen, natürlich aufser Betracht gelassen, bei allen ideographischen Schriften, so ist es der Fall auch in den von sonst ganz ideographisch geschriebenen späteren und spätesten, wirklich semitischen babylonischen Keilinschriften. Die letzteren sind zum Theil wie die allerältesten durchaus oder ganz überwiegend in Ideogrammen geschrieben und weisen so auf den ersten Blick genau denselben Typus auf, wie die allerältesten. Durchweg aber ist hier Wortfolge und grammatische Construction die als die semitische bekannte und demnach auch hier zu erwartende. Transcribirt man solche Texte, unter lediglicher phonetischer Auflösung der Ideogramme, so tritt durchweg der semitische Charakter der Grammatik und der Diction zu Tage. Die Wahl der Tempora, die Flexion, wie sie da, wo die phonetischen Complemente auftreten, mit Sicherheit sich bestimmen läfst, die Rection des Verbums, die Anhängung der Pronomina suffixa, die Stellung des Objects, der Platz, der den Verhältnifswörtern eben als Präpositionen angewiesen wird u. s. w.: alles zeigt semitischen Typus, und ganz von sich selbst schreibt sich ein solcher Text, unter gänzlicher Beibehaltung der Wortfolge, um in einen Text von rein semitischem Aussehen. Wie ich

---
[1]) Bereits J. Olshausen hatte das wahre Sachverhältnifs in seiner Schrift: Emendationen zum Alten Testament, mit grammatischen und historischen Erörterungen. Kiel 1826, S. 44—47 erkannt und bestimmt ausgesprochen.

aber schon vor Jahren in dieser Hinsicht auf die gerade damals entdeckte und von mir in der Zeitschrift der Deutschen Morgenländischen Gesellschaft (XXIX S. 37 flg.) nach Dr. Hausknecht's Papierabklatsch veröffentlichte rein assyrisch-semitische Inschrift verwies, neben welcher verschiedene parallele in der nichtsemitischen Sprache verfafste Inschriften desselben Königs vorhanden waren, so ist uns inzwischen eine Inschrift Hammurabi's bekannt geworden, welche auf einem und demselben Steine einen Erlafs dieses Königs in den beiden verschiedenen Schriftgattungen beziehungsweise Sprachen nebeneinander bietet — in derselben Weise, wie dieses mehr denn ein Jahrtausend später bei den dreisprachigen Inschriften der Achämenidenkönige Statt hat[1]). Die Zeichen an sich thun es hier keineswegs. Zwei Inschriften können, von dem entscheidenden Passus abgesehen, genau die gleichen Zeichen bieten und dennoch unter Umständen die eine der einen, die andere der andern Sprache zuzuweisen sein. Einen einleuchtenden Beleg hierfür bietet das schon früher von uns angezogene inschriftliche Zwillingspaar des Königs Singašid, I Rawl. 3 No. VIII *a* und *b*. Die Inschrift *a* ist fragelos eine semitische. Sie lautet:

1. *Sin-ga-ši-id*   d. i.   1. Singašid
2. *abal NIN. SUN*   2. Sohn des Nin-Sun (?)
3. *šar Uruk*   3. König von Erech
4. *ba-nur*   4. Erbauer
5. *ikal Anu*   5. des Tempels des Anu.

Die Wahl des Participiums *bânur* R. *bunâ*[2]), die Stellung desselben vor den regierten Accusativ, beziehungsweise Genitiv *ikal* „Tempel"; die Analogie endlich der Inschrift des assyrischen Königs Šamši-Rammân 1 R. 6 Nr. I, welche in ganz analoger Weise: *ba-ni ikal Ašur* bietet (Z. 5—7), lassen darüber keinen Zweifel: und es war ein völlig vergebliches Bemühen Lenormants, das *ba-nur*, indem er es in zwei selbständige Elemente zerlegte, aus dem nichtsemitischen Babylonisch zu erklären. Was

---

[1]) S. Amiaud in *Recueil de travaux relatifs à la philologie et à l'archéologie égyptienne et assyrienne* I (1879) Livr. 4; vgl. auch im Journ. Asiat. VII, 20 (1882) p. 231 ss.

[2]) Dafs das betreffende Zeichen ein *uš* sei, wie ich früher annahm (Zeitschr. d. Deutschen Morgenländ. Gesellsch. XXIX S. 40), ist doch angesichts der Parallelen wenig wahrscheinlich.

nach dem Ursprunge der altbabylonischen Cultur.

ihn zu dieser Annahme und diesem Deutungsversuch bewog, war augenscheinlich die Wahrnehmung, dafs von demselben Könige eine zweite Inschrift (die Inschr. *b*) ganz ähnlichen Inhalts existirte, die ebenso fraglos nicht blofs in seinen, sondern auch in unseren Augen in der nichtsemitischen Sprache Babyloniens verfafst ist. Wir setzen auch diese Inschrift, in einer verbesserten Transcription, nochmals her:

1. *Sin-ga-ši-id*   d. i.   1. Singasid,
2. *nitaḫ ag-ga*   2. starker Held,
3. *lu-gal Unu-ki-ga*   3. König von Unu-Erech,
4. *lu-gal Ga(?)-na-nu-ur*   4. König von(?) Gananuv(?).
5. *i-gal*   5. den Tempel
6. . . . . . . [1])   6. . . . . . . [1]),
7. *mu rû*   7. ich erbauete.

Der Inhalt, sieht man, ist ein demjenigen der Inschrift *a* im Wesentlichen analoger, nur dafs hier der König noch das fehlende Epitheton *nitaḫ agga* = „starker Held" hat, und derselbe weiter aufser als König von Unu-Erech auch als König von Gananuv(?) bezeichnet wird. Die Aussage im zweiten Theile der Inschrift ist, vom verlöschten Namen des betreffenden Tempels abgesehen, dem Kerne nach dieselbe wie die entsprechende der Inschrift *a*, nur dafs hier statt des Participiums (*bânuv*) das Verbum finitivum *mu rû*, dem ein semitisches *abni* entsprechen würde, sich findet. Und dennoch, wenn wir vom Titel absehen, worüber sogleich, wie ganz anders ist der sprachliche Typus dieser Inschrift im Vergleich zu demjenigen der ersteren! In der ersteren Inschrift ein Participium *bânuv*, das den Semitismus an der Stirn trägt: ihm folgt nach semitischer Weise das abhängige Nomen *ikal* u. s. w.: hier dagegen haben wir Voranstellung des Accusativs *i-gal* und Folge des Verbum finitums und zwar in der ersten Person, während man die dritte erwartete [2]). Dazu wird das Zeichen

---

[1]) Die Lesung *nam-lugal-...ni* = „seines Königthums" (Lenormant) ist doch zu gewagt, als dafs wir dieselbe als eine wirkliche Heilung des corrupten Textes auf die Dauer betrachten könnten.

[2]) Derartige Wechsel der Person in der Darstellung finden sich in den gröfseren, historischen Inschriften ja freilich auch gar nicht so selten; wie aber bei kleineren Inschriften in solchen Fällen verfahren ward, das lehren uns Inschriften wie diejenigen I R. 8 No. 3; 48 No. 5. G 68 I (vgl. 1, 17 mit II, 26) u. a. m., d. h. es wurde von vorn-

für diese erste Person = *mu* nicht etwa, wie dieses nach semitischer
Weise zu erwarten wäre, dem Verbalstamme sei es präfigirt (Imperfect),
sei es suffigirt (Perfect), vielmehr demselben frei und gänzlich lose und
selbständig vorausgestellt. Aber — wendet man ein — beweist nicht
gegen unsere Theorie in entscheidender Weise der Umstand, dafs, was wir
als Eigenthümlichkeit der Inschriften anderer Art d. h. der angeblich nichtsemitischen Inschriften bezeichnen und für diese geltend machen, auch in
den von uns für semitische erklärten Inschriften sich findet? Begegnen
wir nicht — um bei unserem Inschriftenpaare stehen zu bleiben — in der
für semitisch erklärten Inschrift bei der Bezeichnung des Singasid als
„König von Erech" *šar Uruk*, nämlich in der Schreibung *šar Unu-ki-ga*
klärlich jenes verrätherischen, nur aus der ideogrammatischen (für uns
akkadischen) Schreibung erklärlichen *ga* (vgl. St. Guyard p. 10, der
solches in einem analogen Falle bezüglich der Schlufssylbe *gi* (*kit*) in der
Schreibung *tabtab-ba-kit* (*gi*)[1]) [Guy. *arba-gi* in den Hammurabi-In-
schriften] geltend macht)? — Gewifs liegen in beiden Fällen Schreibungen
vor, welche sich aus dem Semitischen schlechterdings nicht erklären
lassen. Ist auch zwar jenes *ga* nicht mit Lenormant als eine postposi-
tive Partikel im Sinne von *celui de* zu erklären — es ist einfach die phonetische Ergänzung zu dem akkadischen Namen für Uruk-Erech, nämlich
Unugga —, so würde doch ein Semit von sich aus niemals so geschrieben haben (es findet sich ja ohnehin gerade genau so auch in der von
uns für akkadisch erklärten Parallel-Inschrift Nr. b), und ebensowenig
würde derselbe in der Redensart „König der vier Gegenden", assyrisch
šar kibrâti arba-i (mit Varr.), wenn er dieses ideogrammatisch hätte
ausdrücken wollen, von sich aus *lugal abda IV. kit* (*gi*) geschrieben
haben. Hieran müssen wir, im Gegensatze zu Guyard, der dieses
für möglich hält, entschieden festhalten, ganz abgesehen davon, dafs
das durch *gi* (*kit*) angeblich wiedergegebene genitivische *i* in *arba'i* ja

---

herein die Inschrift in der ersten Person aufgesetzt. Wo aber in der dritten Person an-
gehoben ward, ward auch in dieser fortgefahren (vgl. I R. 7 No. 7 Sanherib u. a. m.).
Die Inschriften Nebucadnezar's mit dem schliefsenden *anaku* gehören natürlich nicht hierher.

[1]) Vgl. hierzu Amiaud's Edition und Transscription der nichtsemitischen Hammurabi-Inschrift im Journ. Asiat. VII, 20 (1882) p. 236 Z. 20.

nach dem Ursprunge der altbabylonischen Cultur.

dann natürlich auch bei dem substantivischen *kibráti* durch ein solches ideogrammatisches *kit* (*gi*) nach semitischer Coordinationsweise hätte wiedergegeben werden müssen. Sind aber die betreffenden Schreibungen aus dem Semitischen überall nicht zu erklären und begegnen sie dennoch auch in Inschriften, die wir nothwendig für semitische erklären müssen (s. oben), so kann die Erklärung der Antinomie nur eine geschichtliche sein — sind doch die betreffenden Aussagen solche, die sich in den typisch festausgeprägten Titeln der Könige finden, welche eben bei den Nichtsemiten und einstigen Reichsgründern durch den Gebrauch sanctionirt waren. Diese nahm man unverändert und *pure* in der starren Schreibung der alten Inschriften auch in die semitischen Inschriften herüber, indem man im Übrigen diese dem Semitismus der geredeten Sprache gemäfs abfafste. Es beschränkt sich dieses Verfahren übrigens keineswegs auf solche alte Königstitel: locale festausgeprägte Bezeichnungen werden in derselben Weise lediglich herübergenommen, so das *Ud-unu-ki-ma-ta* „(Tempel) in Larsav" I R. 4 Nr. XV, 2 Z. 11. 12. Die Beibehaltung des locativen postpositiven *ta* in der festgeprägten Bezeichnung ist in derselben Weise zu beurtheilen, wie die desselben *ta* in dem bekannten, in die assyrischen Inschriften übergegangenen ⟨EI ⩾YY = *kita* im Sinne von *šupilu*: in der, der akkadischen selbständig gegenübertretenden, semitisch-assyrischen Schrift hat bekanntlich das für sich dastehende ⩾YY *ta* gar nicht die allgemeine locative Bedeutung, denn vielmehr die ganz bestimmte „aus": es entspricht durchaus und ausschliefslich dem assyrischen *ištu*. Wesentlich dasselbe gilt auch insbesondere noch von dem bei Hammurabi ebenso wie bei anderen alten babylonischen Herrschern am Schlusse dieser titularen Epitheta wiederholt auftretenden *lugal* (*an*) *ab-da tabtab-ba*, welches einem assyrischen *šar kibráti arbati* (auch *arba'i*, *arba-i*, *arba'*) entsprechen würde. Freilich glaubt Guyard gerade von dieser Ausdrucksweise abermals einen und zwar ganz besonders einleuchtenden Beweis für seine Ansicht hernehmen zu können (a. a. O. p. 9), insofern das Wort für „vier" im Akkadischen durch das Zeichen ⋝⋜ mit nachfolgendem *ba* geschrieben werde, welches letztere natürlich nur irgendwie phonetische Ergänzung sein kann und welches Guyard (mit Halévy s. unten) für die phonetische Ergänzung des semitischen Worts für 4 = *arbá* ארבע glaubt halten zu können. Schon ein Blick auf die bekannten historischen Inschriften

der Assyrerkönige Šamši-Rammân (I, 34) und Tiglath-Pileser II. (II R.
67, 1), die sich in ihren Titeln der hier in Betracht kommenden ideographischen Bezeichnung des Zahlworts für 4 𒐘 bei ihren Betitelungen in
ihren Inschriften bedienen, hätte denselben indefs stutzig machen sollen:
niemals erscheint hier das in den altbabylonischen Königsinschriften vorliegende Complement *ba*; statt dessen vielmehr — und ganz correct —
das zu dem semitischen Femininum *arbati* = ארבת gehörende Complement
ti (III R. 16 Nr. 5, 27 mit nasalem Auslaut *tim*, *tir*), oder aber ein zu
einem masc. *arbai*[1]), *arba'i*[2]) gehörendes complementäres *i*. Diesem letzteren begegnen wir auch bei Tiglath-Pileser I., Cyl. col. I, 29. 37; IV, 46.
Daneben findet sich auch noch die vollere Aussprache *ar-ba-im*[3]), welcher wir sowohl in der Hammurabi-Inschrift des Louvre (Z. 5) als auch
auf jener Alabastervase König Naram-Sin's, 1 R. 3 Nr. VII, 5, begegnen,
welche mit den übrigen Monumenten der französischen mesopotamischen
Expedition im Tigris versank, deren Inschrift aber glücklicherweise durch
eine Copie, welche Fresnel von derselben genommen, erhalten ist; als
endlich auf der von mir nach Dr. Hausknecht's Papierabklatsch veröffentlichten Inschrift des Königs *Dungi* (?), s. Zeitschrift der Deutschen
Morgenländischen Gesellschaft XXIX, 37.

Wo das semitische Zahlwort ohne alle Flexion auftritt (als *arba*
= ארבע), wie z. B. bei Sargon Cyl. 2; Khorsabad-Inschrift 14, erscheint
dasselbe sowohl mit dem auslautenden Hauchlaute, als auch ganz phonetisch = *ar-ba-'* (𒅈𒁀𒀪) geschrieben (s. a. d. aa. OO.).
Niemals erscheint hier (und überhaupt in einem semitischen Texte) als
phonetisches Complement die Sylbe *ba* und niemals erscheint anderseits
das auch in den semitischen Texten auftretende Ideogramm 𒐘 in diesen

---

[1]) Ašurnâṣ Col. I, 10 wechselt mit 𒐘 𒐛 *arba-i* ein 𒐘 𒐛𒐊 *arba-ta*,
welchem letzteren wir auf dem Obelisk Salmanassar's II, 16 begegnen.

[2]) Dieser grammatisch correctesten Aussprache begegnen wir in durchweg phonetischer Schreibung in der semitischen Inschrift eines altbabylonischen Königs, V Rawl.
33 Col. I, 41: 𒅈𒁀𒀪𒐘.

[3]) Man hüte sich übrigens beiläufig, das auslautende *im*, *ir* hier für die Pluralendung zu nehmen. Es ist das vielmehr lediglich die mit dem Lippennasal versehene
masculine genitivische Casusendung, welche der nominativen auf *um*, *ur* entspricht und
der Feminin-Endung *tim*, *tir* parallel läuft.

Texten mit dem phonetischen Complemente *ba*, wie dieses in den unilinguen, nichtsemitischen altbabylonischen Texten der Fall ist. Ein graphisches *UB. D.A.* 𒌓 𒁀 kann also nie und nimmer durch ein assyrisches *kibrâtiv AR-ba* erklärt werden. Die Sylbe *ba* hinter dem Zahlzeichen für 4 muſs nothwendig einen andern Ursprung haben. Das durch dieses *ba* ergänzte Zahlwort kann überhaupt nicht das bekannte semitische Wort[1]) für „vier" gewesen sein. Wir zweifeln nicht, daſs P. Haupt und Theoph. Pinches längst das Richtige gesehen haben, wenn sie das fragliche *ba* als die phonetische Ergänzung eines nichtsemitischen *tabtabba* d. h. aber eines durch Wiederholung des Zahlworts für 2 = *tab*, welches durch II R. 39, 9 e. f. an die Hand gegeben wird, entstandenen Zahlwortes für „vier" betrachten [2]).

Der versuchte Nachweis des Vorkommens eines semitischen Complements in den akkadisch-sumerischen und vor Allem unilinguen altbabylonischen Texten wird hiernach als gelungen nicht bezeichnet werden können. Aber wie, wenn die akkadisch-sumerischen Wörter selber, d. h. aber für unsere Gegner die ideographische Schreibung für sich den Beweis lieferte, daſs nicht, wie man bisher überwiegend meinte, die assyrischen Zeilen der bilinguen Texte die Übersetzung der darüber stehenden andersartigen Zeilen sind, denn vielmehr, daſs die sogenannten akkadischen Zeilen überall die ideographische Wiedergabe der darunter stehenden assyrischen Zeilen sind, mit andern Worten: daſs die akkadischen Texte nur die ideographische Wiedergabe des assyrisch-semitischen Wortlauts repräsentiren? — Stanisl. Guyard glaubt den Beweis dafür in den Händen zu haben zunächst in der Wiedergabe des assyrischen *limuttu*, feminines Substantiv der Wurzel *lamânu*, wovon *limnu* „böse", durch das ideographische *SAL. HUL* 𒊩 𒄷𒊌 der Texte (s. Abhandl. p. 21). Die Thatsache ist ganz richtig und es ist zweifellos, daſs eine solche ideographische Bezeichnung eines femininen Abstractums durch ein Ideogramm mit davorgeordnetem Ideogramm für das Femininum = 𒊩, wofür man ein ideo-

---

[1]) Mit Bestimmtheit und meines Wissens zuerst ist dieses von mir bereits 1875 in meiner oben citirten Abhandlung (Zeitschrift der Deutschen Morgenländischen Gesellschaft XXIX, 34) ausgesprochen.

[2]) S. P. Haupt, Sintfluthbericht S. 27; Theoph. Pinches in PSBA. 1882 p. 112.

graphisches *NAM. ḪUL* erwarten sollte, nur auf einen Semiten zurückgehen kann. Es wird das bestätigt durch das Auftreten der betreffenden Begriffsbezeichnung in dem semitischen Sintfluthberichte col. III, 11. 12. Dieser Umstand aber giebt zugleich die Lösung des Räthsels an die Hand. Denn der semitische Verfasser (oder Übersetzer) der Sintfluthgeschichte konnte, indem er eine ideogrammatische Bezeichnung des betreffenden Begriffs wählte, den Wunsch haben, seinen Lesern dadurch zu Hülfe zu kommen, dafs er durch das vorgesetzte Weiberideogramm darauf aufmerksam machte, dafs das betreffende assyrische Wort hier in seiner weiblichen Form in Aussicht genommen sei. Durch die Hand solcher semitischen Tafelschreiber sind ja aber auch z. B. die bilinguen Hymnen hindurchgegangen, bei denen es deshalb auch nicht überraschen kann, solchen und ähnlichen Übertragungen assyrisch-semitischer Wörter in denselben zu begegnen, wie diese ja denn bekanntlich in den akkadischen Zeilen auch wohl die assyrisch-semitische Adverbialendung *iš* bieten (Guyard p. 15)[1]). Nur in den unilinguen, in der von den Verfertigern selber herrührenden Gestalt uns überkommenen akkadischen Inschriften, z. B. denen der altbabylonischen Könige, haben wir solche Erscheinungen nicht zu erwarten, und in ihnen sucht man sie ebendeshalb auch vergeblich.

Anders wieder verhält es sich mit den beiden anderen Beispielen, auf die sich Guyard beruft. Dieselben sind entlehnt einer von Theophilus G. Pinches in den *Proceedings of the Soc. of Bibl. Arch.* Jahrg. 1881 vom 11. Jan. p. 37 folgg. veröffentlichten Namenliste. Es ist eine doppelsprachige Liste der altbabylonischen Herrscher, der mythischen vorfluthlichen und der historischen nachfluthlichen. Unter den in derselben aufgeführten Eigennamen begegnen wir (S. 37) auch einem solchen, lautend *Azag-Bau*, den die semitische Verdolmetschung durch *Bau-illit* „Bau ist erhaben" wiedergiebt. Vor diesem Namen findet sich nun in der akkadischen beziehungsweise ideographischen Columne anstatt des männlichen Personendeterminativs, des verticalen Keils 𒁹, das Weiberdeterminativ 𒊩 *sal* = 𒊩 𒈗 𒅗 𒃲, woraus sich ergiebt, dafs wir es hier mit einer Königin zu thun haben. Stanisl. Guyard nun aber bringt das Determinativ mit dem adjectivischen Ideogramme für den

---
[1]) Vgl. über letztere Erscheinung P. Haupt, sumer. Familiengess. I p. 36.

Begriff „glänzend", „erhaben" zusammen und läfst *sal-azag* nur das aus dem Assyrischen rückübersetzte semitische *illit*, ein feminines Adjectiv, sein. Nun hätte schon ein Blick auf Col. II Nr. 21 derselben Liste ihn an dieser Aufstellung bedenklich machen sollen. Denn hier haben wir einen ganz analog gebildeten Namen: assyrisch *Sirat-kibit-Marduk* „Erhaben das Gebot Merodachs". Wäre also jene beabsichtigte Andeutung des femininen Adjectivs bei der Wahl des weiblichen Determinativs der Grund gewesen, so hätte auch hier jenes Determinativ ⟨- dem Namen voraufgehen müssen: wir suchen ein solches aber vergeblich. Der Name ist geschrieben: 𒁹 𒈗 𒀭 𒈗 𒀭, mit dem männlichen Personendeterminativ! Und wiederum, wenn der Name *Bau-illit*, wie Stanisl. Guyard annimmt, derjenige eines Mannes, eines Königs war, so hätte müssen einem weiblichen Determinativ *sal* noch das Mannesdeterminativ, wie bei allen übrigen Namen, voraufgehen. Gerade dieses Determinativ aber fehlt (s. oben) und dieses Fehlen des männlichen Personendeterminativs legt gegen Guyard's Auffassung ein entschiedenes Veto ein.

Noch ein drittes, dieser selben Liste entnommenes Beispiel glaubt Guyard für seine Ansicht anführen zu können. Nr. 23 der zweiten Columne begegnen wir dem Namen 𒁹 𒈗 𒈗 ⟨- d. i. *En-gi-sal* = assyrisch *Tanitti-Bil* „Ruhm Bels", bei welchem Namen in der akkadisch-ideographischen Wiedergabe desselben das feminine Substantiv *tanittu* R. ٮٮ ذُبٍ durch *gi-sal*, d. i. durch das mit dem femininen Determinativ versehene ideographische *gi* ausgedrückt wäre. Hier hätte aber Guyard von seiner Aufstellung schon der Umstand abhalten sollen, dafs ja hier das Determinativ hinter dem dazu gehörigen ideographisch geschriebenen adjectivisch zu nehmenden *gi* = *nâdu* stehen würde: es heifst ja nicht *sal-gi*, sondern *gi-sal!* Das *sal* mufs hier eine andere Bedeutung und einen andern Zweck als den eines weiblichen Determinativs haben, ebenso wie es einen solchen andern Zweck in dem Namen Col. III, 7 haben mufs, wo es mitten im Worte erscheint und wo an eine weibliche Determinirung gar nicht zu denken ist. Dasselbe sollte augenscheinlich dazu dienen, das *gi* näher zu präcisiren und dasselbe von einem andern oder mehreren anderen *gi* mit anderen Bedeutungen zu unterscheiden, vgl. nur II, 18, wo wir dem bekannten *gi-gal* = *libši* oder Nr. 22, wo wir einem *gi-du* begegnen. Auch dieses letzte von Guyard angezogene Beispiel versagt somit durchaus.

Es mag uns verstattet sein, über die denkwürdige Liste, die wir im Vorhergehenden wiederholt anzuziehen in der Lage waren, noch ein Paar weitere Worte hinzuzufügen, insofern, wie wir meinen, gerade sie geeignet ist, die Grundlosigkeit der gegnerischen Ansicht auch positiv zu erhärten. Sind die hier aufgeführten und zugleich phonetisch transscribirten Namen, wie J. Halévy und Stanislas Guyard behaupten, nichts als lediglich für das Auge bestimmte Zeichencomplexe, das Gegentheil also von gehörten, dem Ohre zugänglichen Lautgruppen d. h. Wörtern, so müssen — diese Forderung stellen wir kategorisch — diese Zeichenbilder als solche invariabel sein. Wenn ein Zeichen X, also z. B. ⸠⸡ $= gal$ den Begriff „grofs" versinnbildet d. h. ideographisch ausdrückt, so haftet dieser Begriff eben an dem Bilde, d. h. an diesem Zeichen. Schreibe ich anstatt dieses Zeichens die Zeichen $Y + Z = $ ⸠⸡ ⸠⸡ d. i. ga-al, so verändere ich durchaus das gesehene Bild: was ich sehe, sind ja zwei ganz verschiedene Bilder unter sich und im Vergleich mit dem vorhergehenden dritten. Es ist deshalb correct und consequent, wenn die aus Ideogrammen und phonetisch geschriebenen Wörtern sich zusammensetzenden assyrisch-semitischen Texte in solchen Fällen das betreffende sogenannte ideogrammatische Zeichen starr stehen lassen und in keiner Weise verändern oder abwandeln. Wenn dagegen umgekehrt in den akkadischen Texten mit dem Zeichen ⸠⸡, dem unveränderlichen, ein ⸠⸡ ⸠⸡ ga-al oder gar ⸠⸡ ⸠⸡ gu-la wechselt, bei dem Niemand sich das Bild des ursprünglichen Zeichens irgend zu vergegenwärtigen im Stande ist, so ist daraus mit logischer Consequenz zu schliefsen, dafs diese Zeichen überhaupt nicht den Zweck haben, als gesehene Bilder, als Ideogramme zu fungiren, dafs dieselben vielmehr, wie alle sonstigen lautlich variirenden Zeichengruppen, gehört sein wollen, mit anderen Worten, dafs wir es bei denselben überhaupt nicht mit Zeichen, denn vielmehr mit Sylben, beziehungsweise Wörtern zu thun haben. Machen wir nun von dem Ausgeführten die Nutzanwendung auf unsere Liste! Dieselbe enthält unter Andern Col. I Z. 14—22 eine Reihe von Königsnamen, die uns zum guten Theil schon sonst bekannt sind, sofern sie uns in den zusammenhängenden Texten begegnen. Diese Namen erscheinen nun hier in der rechten Columne assyrisch verdollmetscht, links dagegen in der bisher bekannten,

nach dem Ursprunge der altbabylonischen Cultur.

von uns als eine phonetische betrachteten Schreibung und Aussprache. Es kommen dabei insbesondere in Betracht die Namen *Hammurabi*, *Kurgalzu*, *Ulamburjâš* und *Burnaburjâš*, endlich *Nazi-uru*(? s. u.)-*taš*. Ohne jede Ausnahme hatte man diese Namen für phonetisch geschriebene und zwar für solche einer nichtsemitischen Sprache gehalten, und wenn nun hier in dieser Liste diesen Namen assyrische gegenüber gestellt werden, so hat man consequent diese assyrischen als die semitische Verdollmetschung jener andersartigen gehalten. Wenn also z. B. Burnaburjâš durch *kidin [bel matâti]* erläutert wird, so hat man gemeint, dafs der Sinn des Namens Burnaburjâš in jener andern Sprache: „Diener des Herrn der Länder" bedeute. Nach Stanislas Guyard wäre aber diese Ansicht eine höchst unberechtigte. Nicht gehörte, ausgesprochene Namen sind es, die wir in der ersten Columne vor uns sehen, sondern Zeichengruppen ohne Schall, Bilder und Bildergruppen, die nur gesehen, nicht gehört werden sollten. Nun hätte aber schon gleich der erste dieser Namen oder Namenbilder an dieser Theorie bedenklich machen sollen! Der Name Hammurabi, geschrieben *Ha-am-mu-ra-bi*, hat so ganz den Typus eines phonetisch geschriebenen Namens, dafs bislang auch nicht ein einziger Assyriologe auf den Einfall gekommen war, den Namen für ein Ideogramm zu halten. Es kommt hinzu, dafs sogar in jener grofsen assyrischen Inschrift des Königs, welche im Louvre aufbewahrt wird und in welcher die phonetische Schreibung der assyrischen Wörter in grofser Consequenz durchgeführt ist, wiederum nur diese Schreibung uns begegnet. Schliefslich, wäre der Name ein ideographischer, so hätten wir die verblüffende Erscheinung, dafs dieser Namen und so beiläufig eine sehr beträchtliche Anzahl auch der übrigen dieser Namen, in Ideogrammen geschrieben wären, die als Ideogramme für semitisch-assyrische, beziehungsweise babylonische Wörter und Begriffe sonst gar nicht vorkommen! Hat schon das auch nur die geringste Wahrscheinlichkeit für sich? — Das entscheidende Veto aber legen die übrigen Namen ein. *Kurgalzu* wird geschrieben 𒆪 𒌦 𒃲 𒍪 d. i. *Ku-ur-gal-zu*. Wäre der Name ein ideogrammatisch geschriebener, so müfste er immer nur in dieser Schreibung vorkommen, oder aber die betreffenden Ideogramme müfsten durch andere, gleichwerthige Ideogramme ersetzt erscheinen, wie ja denn z. B. der Name Sargon, assyrisch *Šar-ukin*, bald 𒁹 𒈗 𒄀 𒈾, bald 𒁹 𒈗 𒁺,

bald 𒀹 𒀹 𒀹, auch mit 𒀹 und ähnlich geschrieben wird, weil sowohl 𒀹 und 𒀹, auch 𒀹 ideographische Äquivalente sind, als auch von 𒀹 𒀹 und 𒀹 das Gleiche gilt. Beides trifft bei dem Namen *Kurgalzu* unserer Liste gerade nicht zu. Wohl aber wechselt mit der Schreibung *Kurgalzu* die andere: *Ku-ri-gal-zu* (𒀹 𒀹 𒀹 𒀹 𒀹) (I Rawl. 4 Nr. XIV, 2 Z. 1; 3 Z. 3 u. ö.). Wo bleibt da das für die ideogrammatische Schreibung nothwendige starre Bild 𒀹 𒀹, da es auf den eigenen Inschriften des Königs durch die Zeichen 𒀹 𒀹 ersetzt wird? — Dasselbe wiederholt sich genau so bei dem Namen *Burnaburjaš*, geschrieben 𒀹 𒀹 𒀹 𒀹 𒀹. Mit demselben wechselt auf den eigenen Inschriften des Königs die Schreibung: 𒀹 𒀹 𒀹 𒀹 𒀹 𒀹 = *Bur-na-bu-ri-ja-aš*, also dieses mit der Auflösung des Zeichens 𒀹 *bur* in die beiden: 𒀹 und 𒀹 = *bu-ri* und der Variante 𒀹 *ja-aš* anstatt 𒀹 𒀹 = *ja-a-aš*. Differenzen, welche dem Wesen einer ideogrammatischen Schreibung direct zuwiderlaufen. Dafs das Ausgeführte auch von dem mit demselben *burjaš* zusammengesetzten Namen *U-lam-bur-ja-a-aš* gilt, liegt zu Tage. Was endlich den Namen *Nazi-Urutaš*(?), geschrieben 𒀹 𒀹 𒀹 𒀹 𒀹 betrifft, so kennen wir bereits längst aus der sogenannten synchronistischen Tafel II R. 65, 11*a* einen Kassifürsten 𒀹 𒀹 𒀹 𒀹 𒀹 𒀹 *Nazibugaš*, der sich gegen den rechtmäfsigen Herrscher *Karachardaš* auflehnte, welcher selber wieder mit seinen Vorgängern *Burnaburjaš* und *Karaindaš*, sowie mit einem späteren Könige des Namens *Nazi-Uruda'iš* (?) einen dem Typus nach gleichen Namen führte. Bei dieser Lage der Dinge aber [1]), entgegen den sonst

---

[1]) Nachschrift. Das Ausgeführte hat seither eine unerwartete Bestätigung zugleich und Ergänzung durch die Auffindung eines bilinguen, kossäisch-semitischen Glossars gefunden, welches von Theoph. G. Pinches und Friedr. Delitzsch ans Licht gezogen wurde (s. den Bericht bei Friedr. Delitzsch, die Sprache der Kossäer, Leipz. 1884, S. 24). Bestätigt wird durch dasselbe, dafs jene kassitischen Namen in der That auch solche eines besonderen von dem semitischen verschiedenen Idioms und eines nichtsemitischen Volkes sind; ergänzt wird dasselbe durch den nunmehr documentarisch gegebenen Beleg, dafs die Elemente dieser Namen nicht aus dem Altbabylonischen (Sumerisch-Akkadischen), denn vielmehr aus einer besonderen, von dieser wieder verschiedenen Sprache zu erklären sind. Die Elemente, aus denen die der aufgeführten Namen *Nazibugaš*, *Burnaburjaš* u. s. w. zusammengesetzt erscheinen, entpuppen sich theils als Wörter appellativer

nach dem Ursprunge der altbabylonischen Cultur.

geltenden graphischen Gesetzen und entgegen der Unmöglichkeit, die betreffenden Wörter als Zeichenbilder aus dem Assyrisch-Semitischen zu begreifen, diese Namen dennoch für verkappte semitische Bildungen zu erklären, vermag ich für wissenschaftlich zulässig nicht zu erachten. Doch damit leiten wir bereits zu einem zweiten Theile über, in welchem wir die Frage zu erörtern haben werden: ob sich — wie dieses bei der gegnerischen Ansicht anzunehmen nothwendig wäre — die betreffenden angeblich ideographischen Wortbilder aus dem Semitischen nun auch wirklich erklären lassen oder aber ob dieses nicht der Fall?

Bedeutung, theils als selbständige Bezeichnungen von Göttern u. s. w. *Nazi* wird erklärt (Rev. 38) durch assyrisch *ṣillue* „Schatten", „Schirm"; *burjáš* wird in der Aussprache *ubrijaš* als Äquivalent des assyrischen Gottes *Rammân* hingestellt (Av. 6); das darin wohl sicher mit Delitzsch zu suchende *jašu* wird erläutert durch *mâtur* „Land" (Rev. 34); das als Eigenname eines Königs der Chanban-Dynastie erscheinende *janzi* erscheint durch das Av. 24 ihm gleichgestellte assyrische *šarru* „König" als ein Titel wie פרעה und *Pir'u* bei Hebräern und Assyrern. Vielleicht steckt, wie das der Genannte vermuthet, in dem *Ka-* ⟩⟨⟨ = *tukultu* „Dienst", „Vertrauen" der erste Theil der kassitischen Namen *Karaindaš* und *Karaḥardaš*. Da nun in der oben (im Texte) besprochenen Namenliste die entsprechenden Namen *Simmaššiḫu, Burnaburjáš, Ulamburjáš, Nazi-*[marad?]*-daš, Mîlišiḫu* (u. ähnl.), *Ka-*[ra?]*-Bîl, Ka-*[ra?]*-burjáš, Nazi-burjáš* in durchaus analoger Weise erklärt werden, so erhellt ebensowohl die Zuverlässigkeit der Angaben des neugefundenen bilinguen Wörterverzeichnisses, als nicht minder der fragelos bilingue Charakter der obigen Namenliste, ein Charakter derselben, der selbstverständlich nicht auf diese kossäischen Namen kann beschränkt werden, sondern ebensowohl auch allen übrigen Namen der Liste, also auch den nichtkossäischen: akkadischen oder altbabylonischen, Namen vindicirt werden muſs. Die Doppelsprachigkeit der angeblich lediglich graphisch von den assyrisch-semitischen verschiedenen altbabylonischen Inschriften wäre damit gewährleistet.

II.

Indem wir uns der Erörterung dieser Frage zuwenden und uns insbesondere anschicken, zu untersuchen, zu welchen Resultaten die von uns bestrittene Ansicht zunächst für den lexikalischen Bestand der angeblich assyrisch-semitischen Sprache der linken Columnen und sonstigen parallelen Texten führt, haben wir vorab zwei Vorfragen zu erledigen, deren Beantwortung für alles Folgende von mehr oder weniger fundamentaler Bedeutung ist. Die eine bezieht sich auf die Syllabare, ihre verschiedenen Arten und allgemeine Beschaffenheit; die andere auf das, was man billig von dem Charakter zweier Sprachen zu erwarten hat, welche, wie wir annehmen, von zwei in engster Berührung mit einander lebenden und verkehrenden Bevölkerungen gesprochen wurden.

Bereits in meiner Abhandlung vom Jahre 1875 habe ich darauf hingewiesen, dafs es eine ganze Gruppe von Syllabaren gebe, bei denen die Lautwerthe der Zeichen wie *bur*, *pap*, *maš*, *tim* u. s. f. als Scheinsubstantive und mit der substantivischen Endung *u* ausgestattet in der rechten, hier dritten Columne wiederkehren (ZDMG. XXIX, 9 f.). F. Delitzsch hat dann diese Beobachtung des Weiteren dahin bestätigt, dafs diese in dem englischen Inschriftenwerke mit den andersartigen dreicolumnigen Syllabaren zusammengeworfenen und unterschiedslos diesen bei- und angefügten Syllabare sämmtlich besonderen Thontäfelchen angehören, Täfelchen, die mit jenen anderen gar nichts zu thun haben und eine Sippe für sich bilden. Wie sich dann aus den gelegentlich beigeschriebenen Bemerkungen des assyrischen Tafelschreibers ergiebt, sind jene substantivirten Lautwerthe in diesem Falle einfach die Namen der betr. Zeichen und irgend eine lexikalische Verwendung und Ausbeutung derselben ist von vornherein ausgeschlossen und verboten[1]). Was sodann die andere

---

[1]) Eingerichtet sind dieselben bekanntlich so, dafs, wenn einem Zeichen verschiedene Lautwerthe zukommen, der dem Zeichen den Namen gebende Sylbenwerth unter den verschiedenen dem Zeichen zukommenden Werthen zuletzt aufgeführt wird und derselbe alsdann in der dritten, rechten Columne substantivirt wiederholt wird. Ich bemerke

Gruppe von dreicolumnigen Syllabaren betrifft, diejenigen mit beigeschriebenen „sumerischen und assyrischen Sinnwerthen", so liegt zu Tage und ist längst erkannt, dafs die rechte, dritte Columne die semitischen, die linke, erste die andersartigen, nach unserer Meinung nichtsemitischen Werthe enthält. Wenn das Zeichen AN gleich an der Spitze des Syllabars (Del. ALS. 46 Z. 1. 2) links mit *a-na*, rechts mit *šamú*, welches „Himmel" bedeutet, erklärt wird, so ist letzteres mit arab. ﺳﻤﺎ, ﺳﻤﻮﺍﺕ, hebr. שָׁמַיִם u. s. w. identisch, ist also ein semitisches Wort, während *ana* jedenfalls von vornherein jeden, nur keinen semitischen Typus in dieser Bedeutung „Himmel" aufweist. Dasselbe gilt von der zweiten, beigeschriebenen Erklärung desselben Zeichens durch das semitische *ilu* „Gott" אֵל etc. in der rechten, anderseits durch das nichtsemitischen Typus aufzeigende *dingir* der anderen ersten Columne in derselben Bedeutung. Und so in hunderten von ähnlichen Fällen. Zwischen denselben sind nun aber in der ersten, linken Columne vereinzelt Wörter eingestreut, welche entschieden andersartig sind und ebenso offenbar semitischen Typus an sich tragen. Dahin gehört, um ein Paar Beispiele herauszugreifen, das Wort *adama* S*b* IV, 225, welches einem *adamatu* in der dritten Columne gegenübersteht und gemäfs dem parallelen *šarku* = „hellroth", sowie anderseits gemäfs dem Ideogramm BAT. MI (*gi*) soviel wie „dunkelroth" bedeuten mufs (Del.) und dann unmittelbar an das semitische אדם „roth sein" erinnert. Dasselbe gilt von *timminna* „Grundstein" = *timinnu* (311), R. אמן: des Ferneren von *hansur* = *pa'šuru* „Schaale" (269), R. בצר?: *ingar* = *ikkaru* „Grund", R. אכר אל? (290); *illat* „Macht" = semit. *illat*, R. אלה (79); *silim* = *šulum*, R. שׁלם سلم u. s. w. (186) u. a. m. Diese und ähnliche Wörter aus einer nichtsemitischen Sprache erklären zu wollen, wie dieses in der That versucht ist, ist in unsern Augen ein vergebliches Bemühen. Ein solcher Versuch unterscheidet sich, meinen wir, in nichts von demjenigen der Vertreter der von uns bekämpften Ansicht, augenscheinlich unsemitische Wörter als semitische in Anspruch zu nehmen, wie wir das Letztere

---

hierzu lediglich noch, dafs es allerdings nicht ganz zutrifft, wenn Del. die betr. Werthe ausschliefslich als „sumerische und assyrische Sylben enthaltend" bezeichnet. Man kann Werthe wie *dingir* und *ilu*, die sumerischen und assyrischen Namen für „Gott" Col. II, 14. 15, doch in diesem Falle nicht wohl als „Sylbenwerthe" bezeichnen.

unten des Näheren ins Licht setzen werden. Dahingegen liegt unter Voraussetzung der semitischen Herkunft der Wörter einerseits, des sonstigen andersartigen Charakters der Sprache der linken Columnen anderseits kein Hindernifs vor anzunehmen, dafs diese Wörter Lehnwörter aus dem Babylonisch-Assyrischen, also dem Semitischen sind. Die veränderte vocalische und theilweise auch consonantische Aussprache — vgl. *silôn* gegenüber *šulum*; *timminna* gegenüber *timinnu*; *banšur* gegenüber *paššuru* u. a. m.[1]) — bestätigt nur diese Annahme: wie Semiten dazu kommen sollten, ihre eigenen semitischen Wörter aus graphischen Rücksichten in der Aussprache umzumodeln (Guyard), ist unerfindlich. Nicht in diese Klasse gehören übrigens natürlich jene semitischen Wörter, welche insbesondere in der ersten Gruppe von Syllabaren, wie oben bemerkt, als Namen der aufgeführten Zeichen erscheinen, wie wenn das unzweifelhaft semitische „*tukultu*" als Name des Zeichens *KU* in der Schreibung *tukul* in der linken Columne auftritt (Sa I, 24); *ilum* ferner als Name für das Zeichen *NUM*, dem Ideogramm für *ilamu* R. הש „hoch sein" (Sa XVI, 12), u. a. m. Ob selbst Wörter wie *pisan(nu)*, *sukkal(lu)*, *puluk(ku)* u. a. m., die in Sb in der linken Columne und zugleich in der rechten erscheinen (242: 77: 179), dagegen im Übrigen semitischen Typus aufweisen, wirklich in der anderen Sprache als solche im Gebrauch waren, ist nicht mit der Sicherheit zu behaupten, wie dieses in der Regel geschieht. Erst das wirkliche Vorkommen in den zusammenhangenden nichtsemitischen Texten könnte darüber einigermafsen sichern Aufschlufs geben.

Sind aber assyrisch-semitische Wörter in das nichtsemitische Altbabylonisch übergegangen, so steht bei dem regen Verkehr der beiden Nationalitäten von vornherein anzunehmen, dafs das Gleiche werde auch für das semitische Assyrisch-Babylonisch in Bezug auf das nichtsemitische

---

[1]) In dieselbe Kategorie scheint mir doch auch das akkadische *ibila* (Syll. 307) gegenüber dem assyrischen *abal* „Sohn" zu gehören, das ich, mit Delitzsch, Haupt u. A., für nichtsemitischen Ursprungs zu erklären geneigt war (KAT² 45). In einem zusammenhangenden akkadischen Texte ist das Wort noch nicht gefunden worden und in akkadischen Eigennamen erscheint als Wort für „Sohn" bezw. „Kind" nicht dieses Wort, denn vielmehr das andere *dů*. Schliefslich als von vornherein unsemitisch kann man jedenfalls den Typus des Wortes nicht bezeichnen.

Altbabylonisch Statt gehabt haben, und längst hat man denn auch altbabylonische Lehnwörter im semitischen Babylonisch-Assyrischen angenommen und aufgezeigt. Wörter wie die Präposition *muḫḫi* „auf-, „über" neben einem ächtsemitisch-assyrischen *ili* in derselben Bedeutung; *ḫullu* „böse", „schlecht" neben einem ächtsemitisch-assyrischen *limnu*; *gallu* „grofs" neben einem ächtassyrisch-semitischen *rabû* u. a. m. müssen an sich und in ihrem Vorkommen neben unzweifelhaft semitischen Wörtern in den zusammenhängenden assyrischen Texten überraschen. Die Auskunft, dafs dieses alte resp. veraltete semitische Wörter seien, welche allmählich *in desuetudinem* gekommen seien (Guyard), gewissermafsen semitische Wörter zweiter Classe repräsentirten — eine Ansicht, auf die wir unten noch weiter zurückzukommen haben — wird schwerlich den Mann vom Fach befriedigen. Sie lassen sich begreifen einzig als in's Babylonisch-Assyrische aufgenommene Fremdwörter. Die linken Columnen der Syllabare geben an die Hand, dafs es solche der nichtsemitischen, altbabylonischen Sprache, solche des Sumerisch-Akkadischen sind. Denn eben in diesen linken Columnen begegnen wir jenen und anderen solchen den gleichen Typus aufweisenden Wörtern. Es leuchtet nun aber umgekehrt ein, dafs, erscheinen einen solchen Typus aufzeigende Wörter zugleich auch in der rechten Columne, lediglich mit der assyrischen Nominalendung *u* versehen und etwa nur leicht verändert, es von vornherein anzunehmen steht, dafs sie eben aus dem Altbabylonischen in's Assyrische übergegangen sind. Dahin gehört z. B. das Wort für „Kupfer" *ṣubar* (*ẓabar*), welches im Assyrischen als *siparru* erscheint: in keiner semitischen Sprache heifst so d. i. *sipar(ru)* das Kupfer; es ist der Name augenscheinlich aus dem Altbabylonischen in's Assyrisch-Semitische herübergenommen und bei diesem Übergange, was den Zischlaut anbetrifft, verändert und durch die angefügte assyr. Nominalendung semitisirt[1]). Mit dem arabischen صُفر „Kupfer" darf dasselbe nicht zusammengestellt werden; denn dieses hat eine gutsemitische Etymologie, sofern es das „gelbe Metall" bezeichnet, während dieses von dem assyrisch-semitischen *siparru* nicht gilt. Das Wort ist im Arabischen dazu auch kein Lehnwort, wie solches z. B. آجُرّ, vergleiche babylonisch-assyrisch *agurru* „gebrannter Ziegel" oder

---

[1]) So urtheilt auch P. Haupt in SFG. I, 42 Anm.

ݒܢܐ ܠܒܢܬܐ طَبِيخ "Backstein", vgl. babylonisch-assyrisch *libittu*, im Arabischen, Aramäischen und Hebräischen denn doch sicher sind, vgl. auch „Ziegel" aus lateinisch *tegula* bei uns. Wäre jenes *siparru* ein semitisches Wort, beziehungsweise wäre es als solches von den semitischen Assyrern oder semitischen Chaldäern zu den Arabern gekommen, so hätte es bei diesen nothwendig صفر resp. شفر mit س oder ش lauten müssen und hätte nicht صفر lauten können: im Assyrischen d. i. Semitischen weist es ja ein ‎ܣ, nicht ein ‎ܫ auf! — Das Gleiche gilt von der poetischen Bezeichnung des „Meeres" *abzu* = assyrisch *absû*, welches Wort, als ein semitisches unbegreiflich, eine klare akkadische Ableitung hat: das auch sonst gerade in Verbindung mit einem Worte für „Wasser" (akkad. *a*) in *a-abba* „Wasserbehälter" d. i. „Meer" vorkommende *ab* wird durch das assyrische *bîtu*, zu aber durch *idû* „Wissen", „Weisheit" erklärt, also dafs das Ganze „Behausung der Weisheit" bedeutet, gemäfs der durchgehenden Anschauung der Babylonier, dafs die unergründliche Tiefe des Meeres der Grund und Urquell aller Weisheit sei (s. P. Haupt in KAT² S. 5 flg.). Dafs hierher auch das bekannte *êgal* „Grofshaus" d. i. Palast, semitisirt als *ikallu*, gehört (s. das Syllabar Höllenf. d. Istar S. 148), versteht sich. Bei der Ableitung des Wortes aus dem Semitischen, etwa von der Wurzel ‎ܟܠܐ = ‎ܟܠܠ, ‎ܟܠܠ ist das anlautende ‎ܗ schlechterdings nicht zu begreifen. Guyard, der auch dieses Wort als ein semitisches glaubt reclamiren zu sollen, erklärt sich die Wiedergabe des Wortes in der linken Columne durch die Zeichen *i + gal* in der Weise, dafs er diese als ein Zeichenspiel betrachtet: „*c'est tout simplement un rébus*" (p. 16). Nun giebt es unter den assyrischen Sylbenzeichen auch ein solches (𒂊), welches den Lautwerth *ê* hat und dem zugleich die Bedeutung „Haus" zukömmt, und aufserdem ein anderes (𒃲), welchem der Lautwerth *gal* eignet und das „grofs" bedeutet. Diese, meint Guyard, habe man zusammengefügt und so jenes *ê-gal* = „Grofshaus" (*maison grande*) gewonnen, damit aber zugleich auch das assyrische Wort *êkal* „Tempel" allographisch ganz genau ausgedrückt „*sauf le léger changement de k en g.*" In diesem „*léger changement de k en g*" liegt nun aber eben die Schwierigkeit. Gewifs nämlich hat von Sprache zu Sprache eine Veränderung auch der consonantischen Aussprache nichts Auffallendes und ist durch zahlreiche Beispiele zu erhärten. Wir weisen, um auf dem uns hier näher angehenden

nach dem Ursprunge der altbabylonischen Cultur.

Gebiete zu bleiben, nur hin auf hebräisch סרכן aus *Šarukîn* (mit כ); סכן aus *sakan* (desgl.); דפשר aus *dipšar*, *dipsar* (mit ר); תמז aus *Dumuzi* (mit ז) u. a. m. Zu einer lautlichen Umänderung aber lediglich in und für die Schrift lag nicht der geringste Grund vor, auch nicht in diesem Falle. Die Assyrer besafsen sehr wohl ein Zeichen, um die Sylbe *kal* (mit *k*) graphisch genau wiederzugeben, ein Zeichen zudem, mit dem sie noch aufserdem ganz gewöhnlich den ideographischen Begriff „gewaltig", „grofs", „ausgedehnt" ausdrücken — erklären sie doch selber in ihren Syllabaren das betreffende Ideogramm 𒃲 d. i. *KAL* unter anderem durch *aštu*, vgl. hebr. ישע, „weit ausgedehnt" sowie durch *illû* „erhaben" R. עלה. — Warum nun wählten die Tafelschreiber nicht dieses, von selbst sich ihnen darbietende Zeichen, um den angeblichen Rebus zu Stande zu bringen, und statt desselben vielmehr ein anderes, das phonetisch gerade nicht pafst? — Was überhaupt eine solche, nach Guyard selber, für die Assyrer mit Händen zu greifende „Geheimschrift" eigentlich sollte, die Antwort darauf bleibt uns der Betreffende schuldig. — „*C'est de la même façon qu'on obtient pour le dieu de la mer Ia nom qui rappelle le Ia des Hébreux, une lecture Ea avec le sens „maison des eaux*" fährt Guyard fort (p. 16). Nun mufs ich zuvor bemerken, dafs hier augenscheinlich ein *Quid pro quo* vorliegt. Schwerlich kennt irgend ein mit dem Hebräischen nur etwas näher vertrauter Gelehrter im Alten Testament und sonst einen Gott *Ia*; Guyard meint klärlich das verkürzte Tetragrammaton *Jahve* in der Aussprache *Jô* — יו, *Jehô* — יהו u. s. w. und bringt nun dieses mit dem babylonischen *Ia = EA* der Inschriften, dem Namen des „Wassergottes", zusammen. Darüber ist kein Wort zu verlieren. Der Gott *EA* ist sicher und fragelos, wie sich aus der von Damascius mitgetheilten mythologischen Genealogie ergiebt, mit dem Gotte Ἄος der griechischen Schriftsteller, dem Gemahle der Δαύκη, identisch — bekanntlich wird auf den Inschriften *EA* ausdrücklich als Gemahl der *Dankina* bezeichnet. Mit dem hebräischen *Jahve* hat das Wort schlechterdings nichts zu thun; und wer es demgemäfs unternimmt, den Namen des babylonischen Gottes aus dem Semitisch-Hebräischen zu erklären, geht sicher in die Irre. Nach Analogie von altbabylonisch *zu-ab*, sprich *abzu*, assyrisch *absû* ist dazu ohnehin wahrscheinlich mit Delitzsch statt *êa* vielmehr *aê* zu sprechen, in welchem Falle die griechische Wiedergabe des Namens (Ἄος) sich mit der keilschriftlichen

(*Aé*) noch völliger decken würde. — Als noch einen weiteren Beleg für seine Theorie beruft sich Guyard auf die Wiedergabe eines assyrischen Wortes *maštaru* in der angeblichen Bedeutung von *soit un style, soit quelque autre ustensile de scribe* (p. 16). Dasselbe sei (II. Rawl. 45, 1 l. 7) als (*iš*) *maš* + *dar* einfach in der linken Columne allographisch wiedergegeben; das Wort sei nämlich semitischen Ursprungs und von der Wurzel *saṭâru* hebräisch-arabisch שטר etc. abzuleiten. Nun würde es für uns nach dem oben Ausgeführten durchaus nicht als aufserhalb der Grenzen des Möglichen liegend erscheinen, dafs auch ein rein semitisches Wort wie *maštar* „Schreibgriffel" in das Akkadische herübergenommen wäre; selbst die Möglichkeit, welche Friedr. Delitzsch gelten zu lassen geneigt ist, wäre vielleicht nicht ausgeschlossen, dafs der assyrische Tafelschreiber, in Verlegenheit, für sein assyrisches Wort ein entsprechendes nichtsemitisches Äquivalent herzusetzen, sich begnügt habe, dasselbe seiner assyrischen Form entkleidet in die akkadische Columne einzureihen (ähnliche Nachlässigkeiten und Inconsequenzen assyrischer Tafelschreiber sind ja auch sonst sicher zu statuiren). Allein, was die Hauptsache ist, den Beweis dafür, dafs das betreffende Wort wirklich „Schreibgriffel" oder etwas ähnliches bedeutet, hat Guyard nicht erbracht, und die Umgebung, in welcher das Wort in dem betreffenden Syllabar vorkommt, führt ebenfalls nicht auf eine derartige Bedeutung. Das Wort kann somit ebensowohl auch ein gnesio-akkadisches und in's Semitisch-Assyrische herübergenommenes Wort, vorläufig ganz unbekannter Bedeutung, sein. — In analoger Weise sucht Guyard des Weiteren das Ideogrammaton für den Namen eines babylonischen Tempels, der sogenannten Pyramide: *sakil*, geschrieben *sak-il*, zu erläutern. Er erklärt denselben für einen gnesio-semitischen und bestimmt ihn als „Kopf — hoch" = „hohe Spitze" bedeutend: *sak* vergleicht er mit einem semitischen *sakû* „hoch sein" (wohl an aramäisch סכא, סך denkend) und *il* bringt er mit dem Worte *eli* hebräisch עלה zusammen. Aber abgesehen davon, dafs wir dadurch nur zu dem zweifelhaften, tautologischen Begriffe: „hohe Höhe" nicht zu dem anderen „hohe Spitze", „hohes Haupt" gelangen würden, so kommt *sak* als Substantiv im Assyrischen ja gar nicht vor, und „hoch" wiederum kann ja nicht *il*, sondern müfste, als von einer triliteralen Wurzel herrührend, *ilû* heifsen (Fälle wie *naš* anstatt *naši* können aus naheliegenden Gründen natürlich hier nicht herangezogen werden). Guyard betrachtet nämlich, woran wir hier ausdrücklich erinnern müssen, den Namen als einen wirklich im Gebrauch gewesenen, soll er sich doch in dem bekanntlich sehr modernen Buche über die nabatäische Agricultur als *Askul* erhalten haben! Wir fragen schließlich billig: wenn der Name nur die verkappte, symbolische Wiedergabe eines assyrisch-semitischen in *sak-il* meinetwegen verkürzten Wortes *sakû-ilu* war, warum setzen die Assyrer in ihren Syllabaren — nach Analogie des oben besprochenen angeblich assyrischen *maštaru* = *maštar* — in der rechten Columne als Verdolmetschung von *sak-il* nicht ein *sakû-ilu* oder wenigstens *sak-ilu* an, bieten vielmehr die Syllabare das ja freilich unzweifelhaft semitische *zikkurratu* d. i. „Thurm" etc.? —

Aber hat Guyard nicht den formellen Beweis für die Richtigkeit seiner Ansicht in den Händen und zwar in einer Aussage der assyrischen Tafelschreiber selber, die keinen Zweifel darüber läfst, dafs auch in deren Augen die Zeichen der linken Columne eben nur Bilder, Hieroglyphen, nicht gesprochene Worte waren? — Er beruft sich für diese Ansicht auf eine Stelle im V. Bande des Rawlinson'schen Inschriftenwerkes V R. 12 No. 3 Z. 30, welche bietet:

...... *TA | ša dug-ga ta | iš-tu-[u]*

Dieses übersetzt Guyard:

„*TA* — ce qui est en parole — *ištu*",

so dafs der Sinn herauskommt: „*TA*, welches gesprochen lautet *ištu*". Diese Übersetzung mufs aber beanstandet werden. Betrachtet man, wie das Guyard thut, das anlautende *ša* der mittleren Columne als das semitische Relativum *ša*, so rührt die Notiz von einem assyrischen Tafelschreiber her, der also seine Bemerkungen in assyrischer, d. i. semitischer Sprache macht. Guyard fafst nun das zweite *ta* (der mittleren Columne), welches er von dem ersten *TA* (der linken Columne) gänzlich trennt, als die ideographisch geschriebene Präposition *ina* d. i. „in", und übersetzt demgemäfs *dugga-ta* = assyrisch *ina kibîti* als „im Worte" oder „als Wort". Guyard hat aber dabei übersehen, dafs wenn in assyrischen d. h. semitisch-assyrischen Texten das Ideogramm *TA* zum Ausdruck der Präposition verwandt wird, sie erstlich niemals „in", sondern „aus" = *ištu* bedeutet, und sodann, dafs bei dem Ausdruck dieser Präposition durch das Ideogramm dieses letztere stets — wie in allen anderen solchen Fällen —

an der Stelle erscheint, wo das assyrisch-semitische Wort sonst stehen würde d. i., da wir es mit einer Präposition zu thun haben, vor dem Worte *kibîti* = *dugga*. Es hätte heifsen müssen *ša TA dugga* = assyrisch *ša ištu* (nicht *ina!*) *kibîti*. So, wie die Worte dastehen, könnten sie, immer die mittlere Columne als semitisch betrachtet, nur übersetzt werden: .... *TA* | welches *ta* gesprochen wird | *ištu*.

Der Verfasser würde danach sagen, dafs das *ta* geschriebene und in der nichtassyrischen Sprache auch *ta* zu sprechende Wort im Assyrischen *ištu* lautet. Der Tafelschreiber hätte es, so könnte man weiter annehmen, für gut befunden, gerade hier diese Bemerkung einzufügen, weil er im Folgenden in der mittleren Columne lediglich zu sehende numerische Bezeichnungen, die Zeichen für die Begriffe „Mal"[1]), für 1, 2, 3 und 60 mittheilt, die eben für sich ebensowenig aussprechbar waren, wie das lediglich „ideographische" *ta*. Die Stelle würde auch so evident beweisen, dafs das in der linken ersten Columne sich findende *TA* für das assyrische *ištu* eben ursprünglich nicht ein graphisches, denn vielmehr ein lautliches war, welches in einer bestimmten Weise (als *ta*!) zu sprechen wäre, und würde somit die von Guyard bestrittene Ansicht lediglich bestätigen. — Aber sind wir denn sicher, dafs das in Rede stehende *ša dugga ta* der mittleren Columne auch wirklich semitisch zu deuten und aus dem Assyrischen zu erklären ist? — Guyard nimmt dieses wegen des *ša* als selbstverständlich an. Dafs diese Annahme aber, da es sich bei der betreffenden Thontafel (pl. 12 Nr. 3) um eine mittlere Columne handelt, von vornherein wenig Wahrscheinlichkeit für sich hat, wird sich auch Guyard nicht verschweigen: selbst bei seiner generellen Ansicht erscheint stets die mittlere Columne als die durch die linke und rechte Columne erklärte allographische Columne: für ein erklärendes *ša* ist somit hier kein Ort. Wenn ferner *ša dugga ta* zu übersetzen wäre: „*ce qui est en parole*" (Guyard — s. oben), so wäre das unmittelbar vorhergehende (Z. 29): *ša dugga*, das mit jenem doch schwerlich irgendwie zu combiniren, auffällig: denn das bei Guyard's Erklärung geforderte locative

---

[1]) Es ist dieses der horizontale Keil ►—, welcher durch *adu*, ein in der Bedeutung „Mal" aus den Hymnen bekanntes Wort, erklärt wird. Der Ursprung dieses Wortes ist dunkel.

ta fehlt hier! Man sieht, auf diesem Wege ist überall nicht weiter zu kommen, und Sayce und Pinches werden den richtigen Weg beschritten haben, wenn sie auch hier die mittlere Columne als die durch die rechte einfach zu erklärende allographische beziehungsweise nichtsemitische halten und demgemäss die ganze Zeichen- resp. Wortfolge *ša dugga* beziehungsweise *ša dugga ta* als durch das in der dritten Columne gebotene *am-ta-ši* beziehungsweise *ištu* [*ditto*] d. i. *ištu amtaši* halten, so dunkel der Sinn dieses semitischen *amtaši* (R. משׁע?) bis jetzt noch ist[1]).

Wir wenden uns nach diesen Vorbemerkungen und von den gewonnenen Ergebnissen derselben gelegentlich Gebrauch machend, zu dem eigentlichen Gegenstande dieser weiteren Ausführung, zu der Prüfung der als semitisch reclamirten, von uns für solche nichtsemitischen Ursprungs erklärten Wörter.

Bereits Halévy hatte in seinen *recherches critiques* (1876) II. p. 178 ss. den Versuch angetreten, die in den beiden Columnen enthaltenen Wörter beziehungsweise Sylben aus dem Semitischen zu erklären und sie als gnesio-assyrische zu erweisen. Dafs dieser Versuch — von den Wörtern augenscheinlich semitischen Ursprungs, von denen wir oben redeten, abgesehen — mifslungen, darüber dürfte wohl heutzutage bei Assyriologen und Nichtassyriologen ein Zweifel nicht mehr sein. Versuche, wie die, das Ideogramm für „Schiff“, lautlich *ma*, als aus einem angeblichen assyrischen מ, das dann wieder dem bekannten נא, dem ägyptischen Namen für „Papyrus“, gleichgesetzt wird, verkürzt zu erklären (Halévy p. 188 Nr. 124); das Ideogramm für den Begriff „machen“ *kak* (beziehungsweise *rū*) = *banū*. *ipšu* mit *kakku* „Waffe“ zusammenzubringen (p. 189 Nr. 136); das ninivitische Zeichen für die Sylbe *mal*, welches dermalen in der äufseren Form mit dem ursprünglich davon augenscheinlich ganz verschiedenen jungbabylonischen Zeichen für den Begriff „Haus“, ninivitisch ⌐𒂍, zusammentrifft, mit diesem auch in der Bedeutung zusammenzustellen und den Lautwerth *mal* dieses Zeichens von einer semitischen Wurzel מלא „voll sein“ abzuleiten, so dafs das „Haus“ als „das Volle“ bezeichnet wäre (ebendas. 139: Halévy giebt den Bedeutungs-

---

[1]) Vermuthungen über die Bedeutung bei Pinches in Procced. Soc. B. A. 6. Juni 1882 p. 115.

Übergang an auf: „*remplir, compléter, habiter*"!); das Ideogramm für den Begriff „männlich" *uš*, mit *uššu*, beziehungsweise *iššu* „Grund", „Fundament" zusammenzustellen und diesen „Grund" „*fondement*" als euphemistische Bezeichnung des männlichen Geschlechtsgliedes (*dénomination euphémique du membre viril*) und dann als Ausdruck der Begriffe „*mâle, garçon, serviteur*" zu definiren (p. 191 Nr. 156); das Ideogramm für „Seite", „Ufer" *tik* mit einer semitischen Wurzel דד, wovon דדק „Mitte" zusammenzustellen, woraus dann wieder die Bedeutungen „*voûte, relief, front, cou, rivage*" geschlossen werden (ebendas. Nr. 159); das Ideogramm für den „Stern", *mul*, abermals auf das semitische אלמ „voll sein" zurückzuführen und als „*assemblage d'étoiles, constellation, étoile*" zu erläutern (p. 192 Nr. 167); das Ideogramm (*I*) für „erhaben", „majestätisch" (niemals „schön"!), mit dem semitischen האי, היא „schön, anständig sein" zusammenzustellen und gar mit dem Namen des Gottes *Iau* (Ἰαος!!) zusammenzubringen, dazu gar dasselbe *i* wieder als „*séjour, demeure*" zu erklären (Halévy denkt nämlich an hebräisch אי „Wohnung"), während doch das betreffende Zeichen niemals in der Bedeutung „Wohnung" in den assyrischen oder nichtassyrischen, altbabylonischen Texten vorkommt (p. 192 Nr. 177); ferner das Ideogramm für den Begriff „Vater" nämlich *ad*, assyrisch *abu*, als „*pacte, alliance*" zu erklären und mit semitisch דד zusammenzustellen, dazu diesen Begriff „*pacte*", „*alliance*" weiter zu dem andern „*proche, parent, père, frère, enfant*" zu verdichten (p. 193 Nr. 179); das Ideogramm für *karânu* „Wein" = *ġištin* als „*plante de force*" (Nr. 212 und 219: *ġiš* sei = aramäisch אעק „Holz" und *din* wird von der Wurzel דין abgeleitet) zu erläutern u. s. w. u. s. w. — diese und ähnliche Versuche, jene dunklen und unbekannten Wörter und Wurzeln als semitische zu erweisen, werden auf den Beifall der Fachmänner niemals rechnen können. Sehen wir recht, so hat sich Halévy selber inzwischen von der Unzulänglichkeit seines Verfahrens überzeugt. Die Abhandlung, auf welche wir unten näher einzugehen haben werden, nimmt in dieser Richtung einen wesentlich anderen Standpunkt ein. —

Wir kommen zu Stanislas Guyard's bezüglichen Versuch. Derselbe hat sich nicht verschwiegen, daſs mit einem solchen, die Sylbenwerthe bald als selbständige Wörter, bald als Worttheile nehmenden, dazu über die Regeln semitischer Etymologie mehr oder weniger kühn sich hinwegsetzenden Verfahren schlechterdings nichts zu erreichen sei. So hat er denn die linkscolumnigen Wörter, die auch er für semitische hält, als solche aus dem Semitischen und als assyrische geglaubt erklären zu sollen. Untersuchen wir, mit welchem Erfolge? —

Aus den dreicolumnigen Syllabaren wissen wir, dafs das Ideogramm für den Begriff „stark", „mächtig" assyrisch *dannu*, durch *ag* erklärt wird. Das Wort findet sich, wie andere derartige Sylben, mit der semitischen Nominalendung *u* versehen als *aggu* auch in assyrischen Texten. Wir unsererseits schliefsen daraus, dafs das Wort, wie andere derselben Art, d. i. wie andere gleich unsemitischen Aussehens und die ebenfalls in den nichtsemitischen Texten und Columnen vorkommen, aus der nichtsemitischen Sprache ins Assyrische herübergenommen sei. Nach Guyard ist das Wort semitischen Ursprungs. Es hängt als „*fort*", „*violent*" bedeutend, mit der Wurzel *agâgu* = „*être violent, se mettre en colère*" zusammen, ist von dieser abzuleiten. Allein das Wort *aggu* bedeutet ja gar nicht „heftig", „zornig", also dafs das arabische ﺟ „brennen" (zunächst vom Feuer gesagt) zu vergleichen wäre, denn vielmehr, wie schon bemerkt, „stark", „mächtig", „gewaltig". Die beiden Begriffe „heftig", „zornig" einerseits, „stark" anderseits liegen in ganz verschiedenen Gedankensphären und können etymologisch keineswegs ohne Weiteres combinirt werden. Guyard fügt hinzu: „*pour LAB ou RIB* (zwei weitere Werthe des betreffenden Zeichens) *le mot assyrien n'est pas encore trouvé; il se trouvera, nous n'en doutons pas*" — auch wir nicht, wenn man in dieser Weise ganz verschiedenartige Begriffs-Sphären glaubt combiniren zu können.

Das Ideogramm für den Begriff „Gott", assyrisch *ilu*, und das andere für „Himmel" *samû* wird in den linken Columnen erklärt durch *an*, *ana*. Wir schliefsen daraus, dafs in der nichtsemitischen Sprache Chaldäa's die Gottheit, beziehungsweise der Himmel, *an*, *ana* hiefs. Nach Guyard mufs hierin ein semitisches Wort stecken. Ein solches findet sich nun aber bekanntlich in den semitischen Sprachen nicht. Für Guyard verschlägt das nichts: ihm ist es „*un mot assyrien, tombé en désuétude*", das sich aber noch erhalten habe im Namen des Gottes *Anu* — ein Name, der aber selber wieder innerhalb des Semitischen keine Ableitung hat. — Das Ideogramm für „Gott" wird bekanntlich noch durch ein zweites Wort in der linken Columne erläutert, *dingir* lautend, eine

Aussprache, welche — gemäfs jetzt hinlänglich bekannten Lautgesetzen — mit der anderen *dimir* wechselt (II. R. 4 Nr. 755 vgl. m. 33, 34 e. f.). Auch dieses Wort soll semitischen Ursprungs sein. Es ist lehrreich zu sehen, wie das Guyard beweist. Zunächst wird aus den angeführten beiden Aussprachen oder Formen eine niemals vorkommende und einfach nicht existirende Mischform *dingir* zurecht gemacht (p. 12), alsdann wird diese, mit welcher auch so noch nichts anzufangen ist, in die andere *timgir* (mit *t* anstatt *d*) umgewandelt, und alsdann dieses *timgir* mit dem assyrischen Worte *magiru* „gnädig sein" (Guyard „*exaucer*") zusammengebracht und (als eine Bildung mit vorgefügtem *t*) durch „der Erhörer" = „Gott" erklärt („*désigne la divinité comme l'être qui exauce*"). Es leuchtet ein, dafs man auf diese Weise aus Allem Alles machen kann.

Wer ferner, meint Guyard, sieht nicht, dafs das als *gallu*, *gallat* und *gallit* in die assyrischen Texte übergegangene „Ideogramm" beziehungsweise akkadische Wort für den Begriff „grofs", assyr. *rabû*, mit dem Lautwerthe *gal*, das arabische جل ist (p. 13)? — Sieht man näher zu, so hat das arabische جل keineswegs den allgemeinen Begriff „grofs", wie das assyrische *rabû* (= *gal*). Es eignet demselben bekanntlich sprachgebräuchlich vielmehr der Begriff der „Erhabenheit", des „Glanzes", der „Majestät". Das arabisch-semitische جل bezeichnet lediglich den Begriff: „grofs von Ansehen" (im idealen Sinne), nicht den: „grofs von Umfang". Die beiden Wörter decken sich in der Bedeutung keineswegs, wie das bei dem Ideogramm *GAL* und dem assyrischen *rabû* in der That der Fall ist. Die formale Übereinstimmung der Wörter darf hier ebensowenig zu ihrer Identificirung verleiten, wie eine solche (sicher auch nach Guyard) denen erlaubt war, die auf die lautliche Übereinstimmung zwischen dem akkadischen *dingir* „Gott" und dem türkischen *tengri* hin, das Akkadische für eine „türkisch-tartarische" Sprache erklärten. Dasselbe gilt von den des Weiteren angezogenen Adjectiven *mahhu* „hoch" und *hullu* „böse". Freilich wird hier bei jenem eine Zusammenstellung mit einer semitischen Wurzel auch nicht einmal versucht, und dem für letzteres angezogenen خل cf. hebräisch חלל eignet gerade nicht die durch das assyrische *limnu* und dem allophonischen *hul* gesicherte Bedeutung des „feindlich gesinnt seins" (die Bedeutungen der entsprechenden Wörter in

den abgeleiteten Stämmen können natürlich hier nicht herangezogen werden). Dies die etymologischen Versuche, an einer Auswahl von Beispielen angestellt. Wir haben von demselben kein einziges als wirklich überzeugend und beweiskräftig erkennen können. Daſs dieses bei den von Guyard nicht in Erörterung gezogenen hundert und aber hundert Lautwerthen beziehungsweise Wörtern nicht anders stehen würde, wird wohl schwerlich Jemand bezweifeln. Aber einmal zugegeben, daſs dem so, daſs wirklich die auf solchen bedenklichen Etymologien aufgebaute Erweisung jener linkscolumnigen Wörter als semitischer gelungen wäre, zu welchem seltsamen Resultate würden wir dann gelangen? —
Nach Guyard und jetzt auch Halévy (vgl. dessen *mélanges de critique et d'histoire* (1883) p. 293 ss., 297 ss. 300 ff. etc.) sind die obigen und alle übrigen in der linken Columne anzutreffenden theils noch im Gebrauch befindlichen, theils zu Sylbenwerthen herabgesunkenen Wörter solche reinsemitischen Ursprungs, die aber mit der Zeit im wirklichen Assyrisch-Babylonischen ausser Gebrauch gesetzt, in Abgang gekommen wären (*tombés en désuetude* — sagt Guyard; Halévy a. a. O. nennt solche Wörter und Wurzeln *mots hiératiques*). Wir hätten so gewissermaſsen eine doppelte Reihe von assyrischen Wörtern: eine solche von Wörtern, die noch später in Gebrauch, und eine zweite parallele von solchen, die gänzlich oder theilweis auſser Gebrauch gekommen. So ziemlich zu jedem assyrischen Worte würde sich ein Alterego einstellen, ein Wort, das in den Texten garnicht oder nur verstohlen sich blicken läſst, dessen Existenz lediglich durch die Syllabare bezeugt wäre. Sollten die Genannten wirklich meinen, daſs eine so seltsame Theorie bei den Semitisten auf Beifall zu rechnen habe, so wenig auch diese sonst es in Abrede stellen würden, daſs es in der semitischen Sprache neben den in Gebrauch stehenden Wörtern auch etliche veraltete und auſser Gebrauch gestellte giebt? Und wie merkwürdig! Während die in den zusammenhängenden fraglos semitischen Texten vorkommenden Wörter und Wurzeln durchweg den triliteralen Charakter aller semitischen Wurzeln an der Stirne tragen (die Beispiele quadrililitarer Wurzeln, die zwischendurch laufen, bestätigen nur die Regel), sind die in den linken Columnen der Syllabare auftretenden Wörter, mit den oben besprochenen Ausnahmen und abgesehen von

einer verschwindend kleinen Minderzahl, sonst sämmtlich einsylbig und biliteral! Innerhalb des Assyrisch-Babylonischen also — wie in keiner anderen semitischen Sprache sonst — Biliteralismus neben Triliteralismus! Welcher Semitist schüttelt hierzu nicht den Kopf? Es nützt auch nichts, wenn man diese befremdliche Theorie dadurch annehmbarer zu machen sucht, dafs man mit Halévy zwischen einem „hieratischen" und einem „demotischen" Assyrisch unterscheidet (s. oben), so nämlich, dafs jene aufser Gebrauch gekommenen Wörter, wie *gal* „grofs" neben *rabû*, *lugal* „König" neben *šarru*; *lulim* „Bock" neben *bibbu*; *ki* (aus *kingi*) „Erde" neben *irṣit* u. s. w. die „hieratischen", die anderen danebenstehenden die „demotischen" Wörter seien. Diese Übertragung der vom Ägyptischen hergenommenen Ausdrücke „hieratisch" und „demotisch" auf das Assyrische ist eine von vornherein schiefe und durchaus zu verwerfende. Die Bezeichnungen „hieratisch" und „demotisch" sind bei den Ägyptologen von der in den verschiedenen Zeiten verschiedenen Schrift hergenommen. In unserem Falle aber würde es sich um die im Laufe der Zeit wesentlich veränderte Sprache handeln, insofern die als „hieratisch" bezeichneten Wörter wie *gal* „grofs", *hul* „böse", *muḫ* „hoch" lediglich in der späteren Zeit in Abgang gekommene semitische Wörter bezeichnen würden. Die Bezeichnung ist um so ungeeigneter, als die wirklich hieratische Schrift, nämlich die altbabylonische, auch in den allerspätesten Inschriften, z. B. des Nebukadnezar und noch der Seleuciden, für eine bestimmte Art von Inschriften im Gebrauch war und dieses dazu bei in reinbabylonisch-assyrischer d. i. semitischer Sprache abgefafsten Inschriften. —

Bei der vorhergehenden Erörterung ist eine Classe von Wörtern aufser Betracht geblieben, welche kraft ihrer graphischen Wiedergabe innerhalb der Keilschriftsprachen eine Sonderstellung einnehmen. Es sind dies die Zahlwörter. Bekanntlich werden in den Keilschriften — den arischen, wie den anarischen — die Zahlen überwiegend oder vielmehr in der Regel nicht durch die ausgeschriebenen Zahlwörter, wie z. B. im Hebräischen oder Arabischen, denn vielmehr durch Zahlzeichen ausgedrückt und wiedergegeben. In Folge dieser Übung war uns bis ganz vor Kurzem z. B. das assyrische Wort für die Zahl „neun" *tišit* (Pinches) noch völlig unbekannt, und ist es uns bis zur Stunde noch nicht gelungen, die Zahlwörter für die Zahlen 70, 80, 90 mit Sicherheit namhaft zu machen. Auch sonst waltet hier noch mancherlei Dunkelheit. Es kann daher bei der ganzen Natur der altbabylonischen Schrift noch viel weniger überraschen, dafs in dieser die lautliche Bestimmung der Zahlwörter sehr erhebliche Schwierigkeiten bereitet. Nur mit Hilfe oft sehr verwickelter Combinationen gelingt es, mit einiger Wahrscheinlichkeit diesen lautlichen Werth zu bestimmen, und dafs dabei die Untersuchung ihrerseits nicht selten fehlgreift, auch die Resultate mehrfach unter einander differiren, überrascht nicht; selbst wenn sich ausnahmsweise neben einem zum Ausdruck einer bestimmten Zahl dienendes Wort noch ein zweites solches finden sollte, würde das nichts besonders Überraschendes haben, es kommt das auch sonst vor; „*étonnant*" (Halévy, *mélanges de critique et d'histoire*, 1883 p. 412) würde lediglich erscheinen, dafs nicht blofs ein oder auch zwei verschiedene Wörter zum Ausdruck eines und desselben Zahlbegriffs dienen, sondern dafs deren wohl gar vier, fünf, ja sechs verschiedene Wörter neben einander im Gebrauch gewesen wären. In Wirklichkeit führt sich die angeblich vier-, fünfund sechsfache Bezeichnung einer und derselben Zahl einfach auf die Zusammenstellung der Vermuthungen Verschiedener durch Halévy zurück, der alle für einen und einen für alle verantwortlich macht. Wie sich die Sache in Wirklichkeit verhält, wird die nachfolgende Betrachtung lehren.

Es kommt Halévy auf das Doppelte an, einmal die Nichtexistenz jener angeblichen Zahlwörter in ihrer Mehrzahl darzuthun und sodann die übrig bleibenden als solche semitischen Ursprungs aufzuzeigen, beziehungsweise die Wörter als lediglich künstlich fingirte zu erweisen. Prüfen wir das Einzelne! — Für die Zahl „eins" fand Halévy bei den verschiedenen Gewährsmännern verzeichnet: *id, diš, ge, aš*. Das erste hat Halévy vermuthlich auf die Autorität von Fr. Lenormant und A. H. Sayce hin verzeichnet (s. Lenormant, *études accadiènes* I, 83; *la langue primitive de la Chaldée* (1875) p. 151; A. H. Sayce in SBA. Proc. 1882 p. 106 flge.). Die Angabe basirt augenscheinlich auf Behistun-Inschrift Z. 12, wo neben dem masculinen *ištin* „eins" (geschrieben ⟨ ⊢⟨⟨ d. i. *išti-in*) sich ein feminines Zahlwort für „eins" mit dem Complement *it*

𒁹 𒈪𒀀𒁹 [1]) findet, welches letztere, wie es in einem semitischen Texte vorkömmt, auch nichts anderes als eine semitische feminine Endung, die bekannte Femininendung *it* selber sein kann, sei es nun dafs wir das feminine Zahlwort auf *ištinit* (Bezold) oder auf *idit* vom masculinen *idu* = arabischen أَحَدٌ, hebräischen אֶחָד zu bestimmen haben. Dafs aber ein sowohl durch die Behistunstelle als durch die Stelle der Inschrift Asurnâṣirabals[2]) als ein phonetisches Complement verbürgte *it* nicht ein selbständiges und dazu nicht-semitisches, akkadisch-sumerisches Zahlwort sein kann, leuchtet ein.[3] — Nicht besser steht es um das Wort *gi*, welches als eine akkadische Bezeichnung der Zahl „eins" colportirt wird. Dieselbe basirt lediglich auf der Angabe eines Syllabars (II. R. 33, 32 e. f.), welches 𒁹 als Äquivalent des Begriffs *šarru* „König" durch die Glosse *gi* erläutert. Diese Glosse aber beweist nichts für den Lautwerth des Zeichens, wenn es zum Ausdruck der Zahl „eins" dient. — Bleiben als muthmafsliche akkadische Namen des Zahlwortes: *aš* und *diš*. Von denselben ist der erstere am besten verbürgt und zwar dieses durch den Wechsel des

---

[1]) Nämlich, um dieses hier beiläufig zu bemerken, die in der Behistuninschrift a. a. O. sich findenden Zeichenbilder 𒁹𒈪 einerseits, 𒈪𒀀𒁹 anderseits sind nichts anderes als die aus den gesondert geschriebenen Zeichengruppen 𒁹 𒈪 und 𒁹 𒈪𒀀𒁹. babyl. 𒁹 𒈪𒀀𒁹 zusammengezogenen graphischen Äquivalente; beide Male ist, was in der Regel ganz übersehen wird (vgl. selbst Norris dict. 210), das Zahlzeichen 𒁹 in die die phonetischen Complemente bildenden Zeichen 𒈪 und 𒈪𒀀𒁹 hineingestellt, so jedoch, dafs im zweiten Falle der einbezogene vertikale Keil 𒁹 mit dem in der babylonischen Form als Zeichen 𒈪𒀀𒁹 bereits vorhandenen ersten vertikalen Keil einfach zusammengesunken ist. Asurnâṣ. I, 118: 𒁹 𒈪𒀀𒁹 (assyrische Form) beseitigt jeden Zweifel.

[2]) Ob dasselbe in Zusammensetzung mit *tān* als *aš + tān* und zwar in der gleichmäfsig erweichten Aussprache *ištin* (vgl. oben!) ins Assyrische und als אֶחָד ins Hebräische übergegangen ist (wie Delitzsch annimmt), mag hier dahin gestellt bleiben. Angesichts des Umstandes, dafs sich dieses Zahlwort weder bei den Südsemiten noch bei den Aramäern findet, und dafs wie die Assyrer so auch die Hebräer daneben noch die W. אֶחָד vgl. assyr. *aḫadu* „der eine — der andere" (gleich und neben *idu*? s. i. Text) im Gebrauch haben, endlich אֶחָד, *ištin* innerhalb des Semitismus keine genügende Ableitung hat, scheint uns diese Hypothese keineswegs so unwahrscheinlich, wie dieselbe zum Theil erachtet wird.

[3]) Das Syllabar V Rawl. 12, 32 (Nr. 3), welches in seiner linken, vorletzten Columne ..... *id* (oder *it*) bietet, ist hier überall bei Seite zu lassen.

Zeichens ❙ mit dem andern ▶— = *aš* (s. Del. Ass. Lesest. II. A. 47 Anm. 3). Der weitere Name *diš* (Pinches u. A.) gründet sich zunächst nur auf den sonst feststehenden Lautwerth des Sylbenzeichens ❙ (= *diš*), erhält aber allerdings eine Stütze durch den Umstand, dafs dem assyrischen *iltiniš = ištiniš* „allein" in einer bilinguen Hymne (bei Del. A. L. 74 Rev. 5/6) ein 𒉌 𒌋 *taš-bi* zu entsprechen scheint. Das Zeichen ❙ hätte seinen Lautwerth *diš*, den es in den assyrischen Inschriften führt, eben seiner Eigenschaft als Ideogramm auch des akkadischen Zahlworts zu verdanken, wie das in analogen Fällen Statt hat. Sicher freilich ist mir diese ganze Combination noch keineswegs. Das Resultat ist, dafs sicher verbürgt als akkadisches Zahlwort für „eins" lediglich *aš* erscheint, dieses vielleicht auch von *diš* gilt; *id* (oder *ed*) und *gi* aber sind definitiv zu eliminiren, und Halévy's Versuch (p. 414), *id* aus dem Semitischen zu erklären, wird damit gegenstandslos.[1])

Als angebliches akkadisches Wort für „zwei" erscheint zunächst, nach Lenormant, Sayce u. A., *kas*, beziehungsweise *kaš*. Dieser Ansatz stützt sich auf den Umstand, dafs augenscheinlich im persischen Texte der Behistuninschrift dem persischen *duvitija* Beh. 55 das Zeichen 𒈾 entspricht, das man als *kas* für das phonetische, nichtsemitische Äqui-

---

[1]) Als mifslungen mufs Desselben Versuch bezeichnet werden, das in den akkadischen, niemals in semitisch-assyrischen Texten als Äquivalent des Zahlworts auftretende ▶— als eine rein ideographische Bezeichnung zu erklären (a. a. O. 416: „*le troisième (phonème = aš) exprime la lecture du clou horizontal* ▶—"). Wäre ▶— die ideographische Bezeichnung für „eins", so müfste nach derselben Analogie der wiederholte Horizontalkeil: = ▶▶— das Zahlzeichen für „zwei" sein. Dieses aber findet sich in den zusammenhängenden, bilinguen Texten niemals. In der Stelle II. R. 39 Nr. 2 Z. 9 a. b. ▶▶— = *šunni* aber ist ▶▶— augenscheinlich phonetisch *tab* zu lesen, wie durch das analoge *tabtab-ba* (= 2 + 2 = 4) mit der phonetischen Ergänzung *ba* einerseits (s. unten), durch das *piš* (𒐉) = *šulliš* (vgl. שלש „drei") Z. 10 andererseits unmittelbar an die Hand gegeben wird. Es kommt hinzu, dafs wo dieses ▶— zum Ausdruck des Begriffs „eins" dient (z. B. IV. R. 19, 46/47 a.; ebendas. 54/56 b. und sonst) dasselbe nicht im engeren und eigentlichen Sinne als *Numerale* erscheint, denn vielmehr in einem weit unbestimmteren Sinne, in Vergleichungen wie — gemäfs den assyrischen Äquivalenten —: *kima ištin*; *kima kani idi*, oder in der adverbiellen Ausdrucksweise *idiššu* „allein" u. s. f. ▶— ist hier gar nicht das Zahlzeichen, denn vielmehr als *aš* das phonetisch geschriebene akkadische Zahlwort selber. Dafs ▶— jemals in der Weise des senkrechten ❙ als reines Zahlzeichen verwandt wäre, dafür ist mir kein Beispiel bekannt.

valent für ein semitisches *šání* hielt. Nun aber zeigt das Beh. 51 für „dritter“, persisch *tritija*, auftretende ⧽⧺ evident, dafs wir es mit einem blofsen (babylonischen) Ideogramm zu thun haben: jenes angebliche akkadische Zahlwort ist also einfach zu eliminiren. Dahingegen entspricht dem gewöhnlichen Ideogramm für „zwei“ = ⧺ in den akkadischen Texten regelrecht ein *mina* (in der Verbindung *minna-bi* „zweimal dasselbe“ (Lenormant) wiederholt in den Syllabaren) Sa 16 bei Del. L. 5 p. 36; für ⧻ = assyrisch ⧻ (Suff.) s. die Syllabare *passim*. Es entspricht dieses jenem Zahlenideogramm aber nur dann, wenn demselben der Begriff „zwei Mal“ eignet. *Minna*, beziehungsweise *mina*, ist also nicht das einfache akkadische Wort für die Zahl „zwei“, denn vielmehr das Multiplicativum. Welches das einfache betreffende Zahlwort war, ersehen wir aus II R. 39, 9 c. f., wo ⧻ d. i. *tab* mit vorhergehendem ⧺⧻ „sprechen“ (= „wiederholen“!) dem assyrischen *šanú* R. ⧺⧺ entspricht. Das Zahlwort für „zwei“ lautete danach *tab* [1]), und von diesem Zahlworte hat dann wie das Zahlzeichen für eins als Sylbenzeichen den Lautwerth *aš*, so dieses den Lautwerth *tab* erhalten, in ganz analoger Weise, wie das Zeichen ⧺⧻⧻, im Assyrischen eigentlich *i*, aber als Ideogramm = *bitu*, den Lautwerth *bit*; das andere ⧺⧻⧺, eigentlich *sak*, aber als Ideogramm = *réšu*, den Lautwerth *riš* u. s. w. erhalten hat.

Die Ansetzung von *piš* als Zahlwort für „drei“ ist durch Sa 124 und II R. 39, 10, c. f. (s. Pinches 112 u. vgl. oben) gegen jeden Zweifel gesichert: es wird beidemal dem assyrischen *šalalti*, bezw. *šulliš* R. ⧺⧺⧺ gleichgestellt. Nach Halévy soll dieses *piš* lediglich eine graphische Bizarrerie sein. Das betreffende Zeichen ⧻⧺ = *piš* oder *biš* sei nämlich aus *bi* und *aš* entstanden (*le signe piš ou peš ou plutôt beš est contracté de bi „deux“ et de aš „un“*). Nun aber kann aus den betreffenden Zeichen, nämlich ⧻ und ⧻, wohl ein ⧻ oder ⧻, niemals aber das hier in Betracht kommende ⧻⧺ entstehen, und aufserdem kommt ein Zeichen ⧻ oder ⧻ für „drei“ (in Wirklichkeit durch ⦀ bezeichnet) niemals vor, von dem Ansatze *bi* als Name für „zwei“ dabei ganz abgesehen. Wie nun? —

[1]) Nach Pinches p. 112 bietet übrigens das Duplicat des betreffenden Thontäfelchens, bez. Rm. 345, die Variante *tag* ⧻⧺, die wir demnach als dialektische Nebenform zu betrachten haben.

nach dem Ursprunge der altbabylonischen Cultur. 41

Wir kommen zu der Zahl vier, welche, da sie in den altbabylonischen unilinguen, dann auch assyrischen Inschriften graphisch durch Wiederholung des Zeichens ⊨ *tab* = ⊨⊨ d. i. *tabtab* ausgedrückt wird, vermuthlich auch so = *tabtab* gelautet haben wird (P. Haupt, Theoph. Pinches), eine Vermuthung, welche dadurch ihre Bestätigung erhält, dafs dem betreffenden Zahlzeichen in den Inschriften und gerade den alterältesten nichtsemitischen die Sylbe *ba* als phonetisches Complement folgt: ⊨⊨ ►⊨| = *tabtab-ba*[1]). Für das Nähere s. o. S. 33 ff.[2]).

Auch jetzt erneuert Halévy noch die Ansicht, dafs jenes *ba* ein phonetisches Complement zu dem semitischen *arba'*, das zu *arba* (wie es

---

[1]) Die von Pinches noch weiter vorgetragene Vermuthung, dafs es daneben noch ein zweites Wort *ša* oder *šan* gegeben habe, das „vier" bedeutete, stützt sich wohl lediglich auf den Umstand, dafs das gewöhnliche assyrische Zeichen für „vier": drei Keile oben und einer darunter = ⍓, in der äufseren Form mit dem Zeichen ⍓ zusammenfällt oder von den Schreibern mit demselben zusammengeworfen ist. Dafs daraus aber kein Schlufs auf die Aussprache des Zahlwortes im Akkadischen zu ziehen, dürfte einleuchten. Über Lenormant, der an *šanabi* = 40/60 erinnert, s. Pinches u. a. O. Anm. 2.

[2]) Da beiläufig dieses Zahlzeichen ⊨⊨ in den assyrischen Texten, wie gezeigt, ganz gewöhnlich für den Begriff „vier", assyrisch *arba'*, verwandt ward, ist dasselbe wie dieses in ähnlichen Fällen auch sonst geschieht (wir erinnern wiederum an ⊨⍓ *bit* neben *i*, ⊨||⊨ *riš* neben *sak* u. a. m.) nur regelrecht, wenn dasselbe auch rein phonetisch mit dem Lautwerthe *arba* verwandt wird, z. B. dieses in dem Stadtnamen *Arbaḫa*, geschrieben (►⊨||) ⊨⊨-*ḫa* d. i. *Arba-ḫa*, wofür sich aber auch ganz phonetisch *Arrap-ḫa* geschrieben findet (Del. PD. 124). Nach Halévy freilich (414 Anm.) soll der Name halb phonetisch halb ideographisch zu lesen, mit *Arba-nun* zu transcribiren und mit „vier Herren" zu übersetzen sein, so dafs wir einen Namen wie *Arba-ilu* „(Stadt der) vier Götter" (= *Arbela*) erhalten würden. Wie Halévy zu dieser Deutung gelangt? — Einfach so, dafs in dem phonetischen Zeichen *ḫa*, welches als Ideogramm den Sinnwerth *nûnu* „Fisch", hebr. נן hat, den anderen *rubû* „erhaben", im Sinne von „Herr" vindicirt, ein Sinnwerth, für welchen bekanntlich regelrecht ein anderes Zeichen, nämlich ►⍓ , in Gebrauch haben. Das letztere bestreitet Halévy natürlich nicht. So wird nun ein dunkelster aller assyrischen Texte und darinnen ein ganz dunkler Gottesname herbeigezogen, um — abermals auf labyrinthischen Wegen das zu beweisen, was eben bewiesen werden mufste! IV R. 28 No. 3. 58 findet sich ein Gottesname *Nin-a-ḫa*, der, da er sonst nicht vorkommt und durchaus ideographisch geschrieben ist, mancherlei Deutungen zuläfst. Die nach den Zeichen nächstliegende ist *bîlit mî nûni* „Gebieterin des Wassers" des oder der Fische", als Beiname z. B. der Derketo, der die Fische heilig waren, eine ganz passende Bezeichnung. Nach Halévy besagt der Name: „Herrin der grofsen Wasser"

Philos.-histor. Cl. 1883. Abh. II. 6

niemals geschrieben vorkommt) geworden, gehöre, „vier" in den für uns nichtsemitischen Inschriften mit dem semitischen Worte *arba* wiedergegeben sei. Wir müssen an dem, was wir in dieser Hinsicht im ersten Theile der Abhandlung ausgeführt haben, entschieden festhalten, und können auch — wie wir das schon im Jahre 1875 ausgesprochen haben[1]) — nicht der Meinung Lenormant's beitreten, dafs das semitische *arba* in's Akkadische übergegangen sei. So sicher in den durch die Hand der ninivitischen Tafelschreiber hindurchgegangenen akkadischen Texten Semitismen zu Tage treten, so sicher sind die von den altbabylonischen Königen selbst aufgesetzten nichtsemitischen Texte von Semitismen frei. Die phonetische Ergänzung *ba* verstösst dazu durchaus gegen die Übung der Assyrer: sie kann nicht von einem Assyrer oder semitischen Babylonier herrühren. Es bleibt, da die Assyrer ein anderes Wort für „vier" als *arba*, *irbittu* nicht haben, nur die Annahme nichtsemitischen, akkadischen Ursprungs für das betreffende Zahlwort übrig.

Für das akkadische Zahlwort für „fünf" scheint sich[2]) mit Zuhilfenahme der Glosse II R. 24, 50c die Lesung *a* zu ergeben (Pinches 112 flg.; vgl. Haupt AS. 34 Anm. 31). Nach Halévy ist dieses *a* nur die verkappte Wiedergabe des Zahlzeichens selber, nämlich ₩, das in der babylonischen Schrift bekanntlich auch den Werth *ja* hat, welcher Lautwerth dann von Halévy sofort wiederum dem anderen *a* gleichgesetzt wird! —

(*bilit mi' rubûti*), während doch *ḫa* in keinem Texte und keinem Syllabar durch *rabû* oder *rubû* jemals erklärt wird! Um solches dennoch einigermafsen wahrscheinlich zu machen, wird eine Stelle in einem anderen bilinguen Stücke herangezogen, in welcher nicht etwa *ḫa* durch *rubû* erklärt wird, denn vielmehr das Zeichen ►⟋⟋⟋ = *NUN* als Ideogramm bezw. als akkadisches Wort in der semitischen Zeile phonetisch durch *nunu* wiedergegeben wird (II R. 19, 65/66), wodurch also nur das bestätigt wird, was wir längst wufsten, dafs nämlich das Zeichen ►⟋⟋⟋ den Lautwerth *nunu* hatte. Dafs dieses als *nunu* in den assyrischen Text der betreffenden Stelle herübergenommene ►⟋⟋⟋ den „Fisch" bezeichnet, darauf weist im Zusammenhange nichts. — Die ohne Citat angeführte Phrase *ḫa-na-ku* = *ana nûni* ist natürlich, wenn so lautend, nach Haupt SFG. I (1879) p. 48 flg. zu erklären.

[1]) S. ZDMG. XXIX. 34.

[2]) Bestimmter können wir uns nicht ausdrücken, da die die Zahlwörter für „fünf" (und „sechs") betreffenden Angaben Pinches' ohne ein von uns zu controlirendes Citat beigebracht sind.

nach dem Ursprunge der altbabylonischen Cultur. 43

Die Richtigkeit der Aussage der Glosse, betreffend das Zahlwort für „fünf", würde sich durch den akkadischen Namen für die Zahl sechs bestätigen, welche die alten Babylonier als die um eins erhöhte und mit Hinblick auf die Hand mit den fünf Fingern als Einheit genommene Zahl fünf betrachteten, demgemäfs auch als fünf + eins = a + aš d. i. aš bezeichneten (Pinches a. a. O.). Auch dieses Zahlwort glaubt Halévy lediglich graphisch nehmen und erklären zu sollen. Man habe nur, meint Halévy, das Zeichen für „fünf" = ja (nach Halévy a), das oben angezogene Zeichen 𒐋 aus der vertikalen Lage in die horizontale zu bringen = 𒐊 (in welcher Lage und Gestalt es als Zahlzeichen niemals vorkommt!), und ihm dann noch einen sechsten horizontalen Keil, den Keil ▬ mit dem Lautwerthe aš, beizugesellen, = 𒐊, und man hätte jenes angebliche aš! Auf die Thatsache, dafs diese Bezeichnung für „sechs" in Wirklichkeit wiederum niemals vorkommt, wird wie vorhin nicht weiter reflectirt.

Die Zahlwörter für die Zahlen 7—10 und ebenso diejenigen für die Zehner sind bis jetzt mit Sicherheit nicht zu bestimmen. Die für dieselben vermutheten Namen basiren auf den den betreffenden Zeichen sonst zukommenden Lautwerthen. Es gilt das namentlich auch für die zwanzig, für welche man man und niš, die bekannten Werthe des Zeichens 𒎙, angesetzt findet: man brachte dabei insbesondere man, wie nahelag, mit dem oben besprochenen Worte für „zwei" (richtiger „zweimal") = mina zusammen. Sicheres ist damit nicht gewonnen.

Mit Hilfe scharfsinniger Combinationen gelangt Pinches noch zu einem dritten Worte für „zwanzig", nämlich šana, welches in šuššana = $\frac{20}{60} = \frac{1}{3}$, ebenso in šanabi (nach Haupt für šuššanabi) = $\frac{40}{60} = \frac{2}{3}$, auch in iššana = 200 (?), d. i. 3 × 60 + 20 enthalten (a. a. O. 113). Es ist möglich, dafs Pinches das Richtige vermuthet. Wie immer es sich aber auch damit verhalten möge: man hüte sich, dieses šana mit hebräisch schĕnáim שְׁנַיִם zusammenzubringen. Dagegen legt kategorisch die assyrische Wiedergabe des akkadischen Wortes für $\frac{20}{60}$: šanabi im Assyrischen als šinip (III R. 70, 3a) Einsprache ein: es wird Niemandem gelingen, diese Bezeichnung, die mit ihrem auslautenden bi bezw. ip fremdländischen Ursprung verräth und welche als ⸗ auch auf einem aramäisch-assyrischen

Gewichte gesichert ist (*ABK.* 176; *KGF.* 75), als einen Namen semitischer Herkunft zu erweisen [1]).

Als Zahlwort für „dreifsig" vermuthet Pinches (S. 113) *šepu*. Halévy (p. 414, vgl. 418) nimmt keinen Anstand, das Wort sofort aus dem Semitischen zu erklären: *šepu* sei das bekannte assyrische *š'pu* „Fufs". Wie aber die assyrischen Tafelschreiber, die doch verständige Männer waren, dazu sollten gekommen sein, die Zahl „dreissig", auch nur im Rebus, in so wunderlicher Weise als „Fufs" zu bezeichnen, ist doch nicht wohl einzusehen.

Die erste höhere Zahleinheit der Babylonier ist bekanntlich der *Sössos* $\sigma\tilde{\omega}\sigma\sigma\varsigma$ = 60. Den Namen mit dem bekannten semitischen Zahlworte für „sechs", assyrisch *šiššu* zusammenzustellen, liegt nahe. Trotz allem äufseren Schein — nach Halévy ist *šuššu* nur eine „*légère variante du numeral assyrien usuel šiššu* „*soixante*" (das bekanntlich nie vorkommt), können wir die Richtigkeit dieser Annahme nicht zugeben. Die nächsthöheren Einheiten — ich erinnere an die Namen für „zehn", „hundert", „tausend" — wohl so ziemlich in allen Sprachen der des Decimalsystems sich bedienenden Völkern pflegen nicht durch aus den Namen der Einheiten hergenommene neue Namen, denn vielmehr durch unabhängig von denselben gebildete selbständige Sammelwörter bezeichnet zu werden. Auch beim Sexagesimalsystem wird es nicht anders gewesen sein. Die Bezeichnung der 60 mit einem von der „Sechs" selber hergenommenen Namen würde aber auf dem Decimalsystem, nicht auf dem Sexagesimalsystem beruhen, und jenes, nicht dieses zur Voraussetzung haben. Auch die lautliche Wiedergabe des Namens der betreffenden Einheit bei den Griechen als $\sigma\tilde{\omega}\sigma\sigma\varsigma$ legt gegen die Ableitung von einem aus dem semitischen *šiššu* entstandenen *šuššu* entschieden Protest ein. Im Semitischen ist radical und der Schreibung nach der Vokal des Wortes in *šiššu* kurz, im Griechischen ist bei $\sigma\tilde{\omega}\sigma\sigma\varsigma$ der entscheidende Vokal lang. Dieser Umstand schliefst nach unserem Dafürhalten jede Combination mit

---

[1]) Ich mufs beiläufig bezweifeln, dafs mit Halévy mit diesem *šanabi*, *šinip* das II R. 34, 13. 14 einem ideographischen *BU* gegenübergestellte *sanapu* zusammenzustellen sei. Schon der Wechsel der betreffenden Zischlaute innerhalb des Assyrischen erregt Bedenken.

dem semitischen שע (שעו) aus. Das Wort kann lautlich nur asemitischen, in diesem Falle akkadisch-sumerischen Ursprungs sein.[1])

Die Namen für „hundert", „tausend" und die entsprechenden höheren Einheiten sind hier selbstverständlich bei Seite zu lassen, da sie ja gar nicht in das Sexagesimalsystem gehören, ihre Erklärung demgemäfs auch nur aus dem Assyrisch-Semitischen, nicht aus dem Akkadischen zu erwarten steht, wie, wenigstens für die Zahl „hundert", d. i. *mi* vgl. semitisch מאה u. s. w. solches auch der Fall ist. Die wirklich höheren Einheiten des Sexagesimalsystems: nämlich die 600 und die 6×600, beziehungsweise $60 \times 60 = 3600$ tragen auch, wie zu erwarten, nichtsemitische Namen, jene den Namen *nêru*, diese den anderen *šar*. Dieselben sind aus dem Semitischen nicht zu erklären: Halévy's Heranziehung von assyrisch *nîru* „Joch" für jenen, assyrisch *šaru* = semitisch שער „Thor" für diesen richtet sich selber.

Das Resultat der vorstehenden Betrachtung ist hiernach, dafs für das Akkadische die nachfolgenden Zahlwörter als gesichert zu betrachten sind:

eins	akk.	*aš*
zwei	„	*tab* (Var. *tağ*)
drei	„	*piš*
vier	„	*tabtab* (bezw. *tağtağ*)
[fünf	„	*a?*]
[sechs	„	*àš?*]
[dreifsig	„	*šîp?*]
sechszig	„	*šuš*
sechshundert	„	*nêr*
dreitausendsechshundert	„	*šar*

Aufserdem begegnen uns noch als Bruchzahlen: $\check{s}u\check{s}\check{s}ana = \frac{20}{60} = \frac{1}{3}$; $\check{s}anabi = \frac{40}{60} = \frac{2}{3}$; $issana = 3 \times 60 + 20 = 200$ (?). Ob noch als weitere akkadische Zahlwörter *diš* (*tiš*) für „eins", *mina* („zweimal"?), *šana* für „zwanzig" anzusetzen sind, mufs (s. oben) vorläufig noch dahingestellt bleiben.

---

[1]) Gegen ABK. (1872) S. 231 Anm. 1. — Das Richtige bei F. Delitzsch, Soss, Ner, Sar, in Zeitschr. f. ägypt. Sprache und Alterthumsk. 1878 S. 56 ff., insbes. 65 flg.

Wer das vorstehende Resultat unbefangen prüft, wird zugestehen müssen, daſs dasselbe mit den allgemeinen linguistischen Ergebnissen nicht in Conflict geräth und daſs die angebliche Vielwortigkeit des Akkadischen bezüglich der Numeralia nicht existirt. Dahingegen hat sich der Versuch, die Bezeichnungen der Zahlen als verkappte semitische Umformungen, beziehungsweise als auf Zeichenspielen beruhend zu erklären, als miſslungen herausgestellt.

Wir schlieſsen hieran in theilweiser Ergänzung unserer Ausführungen im 1. Theile dieser Abhandlung und im Hinblick auf die bezüglichen Aufstellungen Halévy's in dem oben citirten Werke *Mélanges de critique* etc. eine erneute Erörterung der für die uns beschäftigende Frage vornehmlich in Betracht kommenden grammatischen Erscheinungen im Akkadischen: die Postposition der Verhältniſswörter (*ta, ku (su?)*), die Infigirung der pronominalen sonstigen „Suffixe" und die vom semitischen Standpunkte aus unerklärliche Abwandlung des Verbums (vgl. hierzu bei Halévy p. 317 ff., auch p. 400 ff.).

Zunächst die Postposition etlicher Verhältniſswörter, gegenüber der durchgängigen Präposition derselben im Assyrisch-Semitischen, glaubt Halévy als eine *exception d'ordre secondaire* erklären zu können, welche durch die Nothwendigkeit einer Unterscheidung der betreffenden Verhältniſswörter von gleichlautenden Wörtern (oder Zeichen) mit anderen Bedeutungen (... *amenée par le besoin de distinction*) bedingt sei. Aber sollten die alten babylonischen Gelehrten, die auf die von Halévy dargelegte Weise mit der gröſsten Leichtigkeit tausende und aber tausende „hieratische" Bezeichnungen erfanden, nicht für so häufig gebrauchte Wörter, wie die wenigen hier in Betracht kommenden semitischen Präpositionen sind, nicht haben auch noch einige wenige Zeichen hinzuerfinden können, anstatt für dieselben eine auf semitischem Gebiete ganz unerhörte Hinterordnung der Verhältniſswörter eintreten zu lassen? — Erstaunlicher noch ist die Art, wie Halévy es unternimmt, die Infigirung der Pronomina bei Verbalformen, wie sie in den linken Columnen vorliegt, als etwas ganz harmloses, ja als „*la construction régulière assyrienne*" hinzustellen (p. 400). Wenn in den hieratischen Texten zwar „er wiegt", assyr. *iškul*, durch *in-lal*, aber „er wiegt ihn oder ihm", assyr. *iškulšu*, durch *in-nan-lal*, nicht durch *inlal-an* oder *in-lal-nan* wiedergegeben werde, so sei das daraus zu erklären, dafs das Assyrische ja auch sonst ordne: *sujet, régime, verbe*: jenes *in-nan-lal* sei im Grunde nichts Anderes, als wenn der Assyrer sage: *šu šuata iškul* „er ihn wiegt". Dabei hat Halévy nur das Eine übersehen, dafs der Assyrer in diesem Falle sich gerade nicht so ausdrückt! Gewifs, wenn das „*régime*" ein *Nomen* (Substantiv, Adjectiv, Eigenname) ist, steht im Assyrischen der Regel nach das Subject voran, der Accusativ in der Mitte, das Verbum zu dritt; einen Satz wie: „Nebuzaradan wog eine halbe Mine Silbers dar" giebt der Assyrer regelrecht durch: *Nabû-zîr-iddina BAR mana kaspi iškul*[1]) wieder; die Ausnahmen bezüglich dieser Wortstellung haben wieder besondere Ursachen, die die Grammatik darzulegen hat. Das Assyrische geht in dieser Übung, Subject und Object dem Verbum vorzuordnen, weiter, als irgend eine semitische Sprache, weiter als selbst das Aramäische und Äthiopische; der Anordnung der Satztheile im Arabischen ist die assyrische diametral entgegengesetzt (vgl. bereits ABK. 304), ein Umstand, über dessen Grund und Ursache man selbst wieder weiter reflectiren mag. Wir sagen also: sicherlich wird wie das Subject so das Object, wenn es ein Nomen ist, regelrecht dem Verbum vorgefügt; aber gleicherweise wird so wenig wie irgend im Aramäischen und Äthiopischen, ebensowenig auch im Assyrischen, wenn ein personales Pronomen das Object bildet, dieses durch ein selbständiges Pronomen ausgedrückt und dann dem Verbum statt an- vielmehr vorgefügt. Die regelrechte Wiedergabe eines pronominalen Accusativs ist wie in allen anderen semitischen Sprachen, so auch im Assyrischen die durch das Pronomen suffixum zu Stande kommende. Wenn also die Erfinder der sogenannten „hieratischen" Schrift und Sprache Halévy's den pronominalen Accusativ in besonderer hieratischer Weise hätten wiedergeben wollen, so hätten sie — wollten sie nicht ihren eigenen Semitismus verläugnen — auch dementsprechend eine hieratische Bezeichnung wählen,

---

[1]) Dafs dazu Ausdrucksweisen, wie die der Achämenideninschriften: *Urimizda šarrûtav anaku iddannu* „Auramazda verlieh mir die Herrschaft" Beh. 24 und ähnliche, welche vielmehr, wie ich bereits ABK. (1872) S. 299 ausgeführt habe, lediglich eine Verschlechterung der Sprache bezeichnen, nicht zum Beweise des Gegentheils herangezogen werden dürfen, versteht sich.

diese „hieratische" Bezeichnung selber aber an ihrem durch den Semitismus des Assyrischen ihm angewiesenen Platze, also hinter dem Verbum belassen müssen. Die Vorordnung konnte nur von Jemand erdacht werden, der selber kein Semit war.

Wir kommen zum „hieratischen" Verbum. Halévy gesteht selbst zu, dafs hier „*une des plus grosses difficultés*" vorliege, welche, so schreibt er, „*m'avait inspiré bien des explications forcées au début de mes études hiératiques*" (p. 318). Inzwischen glaubt er die Lösung derselben gefunden zu haben. Wenn die Syllabare das assyrische *iddin* „er giebt" durch das hieratische *in-si*, das assyrische *iddinšu* „er giebt ihm" durch *in-nan-si*; *ittadin* durch *ba-ab-si* wiedergeben, den assyrischen Wurzelstamm *nadânu* „geben" durch das Element *si*, die anlautende pronominale Subjectsbezeichnung 3. P. = *i* durch *in*, das Suffix *šu* („ihn", „ihm") durch das Infix *nan* ausdrücken, so haben die Erfinder des priesterlichen Systems (*du système sacerdotal*) nach Halévy das assyrische *iddin-šu* oder *inaddin-šu*, sowie das andere *ittadin* ihrerseits zerlegt in das Suffix *šu* „ihm", *šuatu* „ihn", *nin* „irgend was" oder *nibu* „Sache" und *nadânu* „geben"; denn Halévy ist geneigt zu glauben, dafs die hieratischen Objectsbezeichnungen *nu* (*nan*) in *in-nan-si* und *nb* (*nab*) in hieratisch *bab-si* aus einem assyrischen *nin* „etwas" und einem assyrischen *nibu* „Sache" entstanden seien: diese Substantive fragwürdigster Gestalt wären dann zur Wiedergabe sei es des Subjects, sei es des Objectspronomens bei der „hieratischen" Verbalbildung verwandt, und so seien, nämlich durch die assyrischen Priestergelehrten, jene hieratischen Verbalformen zu Stande gekommen, welchen wir in den Syllabaren begegnen. Halévy bezeichnet diese „*décomposition*" der betreffenden assyrisch-semitischen Verbalformen als basirend auf einer „*analyse très simple et très naturelle*"; uns erscheint eine solche angeblich von den alten Babyloniern vorgenommene Analyse das Gegentheil von „Einfachheit" und das Unnatürlichste, was man sich denken kann, ganz abgesehen von der Infigirung des „*régime*" anstatt der durch den Semitismus vorgeschriebenen Suffigirung, die auch so ein unerklärtes Räthsel bleibt. Und nun gar das verschiedene, doppelte Präfix *in*, *ni* einerseits, *ab*, *abba*, *bab* andererseits, während doch im Assyrischen jedes Imperfekt in derselben Weise anlautet! Man sollte meinen, die Priestergelehrten hätten schon das Äufserste an Räthselschrifterfindung geleistet, wenn sie die verbale Subjectsbezeichnung einmal (nämlich durch *in*) in jener seltsamen Weise „hieratisch" wiedergegeben hätten. Sie begnügten sich aber damit nicht, sondern erfanden, nach Halévy, gar noch eine zweite derartige Subjectsbezeichnung hinzu — und warum? — lediglich um durch dieses hieratische Doppelpaar das „demotische" pronominale Doppelpaar *šuašu* und *šašu* „er" — nachzuahmen (*il faut voir dans ces formes bizarres une tendance à imiter la forme redoublée démotique šuašu ou šašu „lui"* S. 319 oben). Um die gänzliche Unzulässigkeit einer solchen Annahme sich zu vergegenwärtigen, hat man festzuhalten, dafs, wie vorher bemerkt, in dem Aufbaue des assyrischen Verbums weder ein *šuašu* noch ein *šašu* irgend eine Stelle hat, dieses gerade so wenig, wie für ein analoges Demonstrativum in dem Aufbau des Verbums in irgend einer anderen semitischen Sprache ein Platz ist.

Das Ausgeführte wird genügen, um über die Haltbarkeit der Versuche, Schrift und Sprache der linkscolumnigen, sowie der entsprechenden unilinguen Inschriften als eine „hieratische" Schrift und auch Sprache zu erklären, ein Urtheil sich zu bilden. Wir sind nichts weniger als der Meinung, als ob es uns bereits gelungen wäre, alle uns in den bilinguen Texten und den altbabylonischen Königsinschriften entgegentretenden Schwierigkeiten graphischer und linguistischer Art überwunden und alle sich uns hier entgegenthürmenden Räthsel gelöst zu haben. Aber dafs eine Überwindung jener und Beseitigung dieser nur auf dem von uns innegehaltenen Wege zu erwarten sei, dürfte aus der vorstehenden Betrachtung ebensowohl erhellen, wie dafs der Versuch, dieselben auf dem von unseren Gegnern beschrittenen Wege zu heben, nicht zum Ziele geführt hat und führen wird. Welcher Nationalität immer das Volk, welchem Babylonien den Ursprung seiner Cultur verdankt, gewesen sein mag: dafs es nicht Semiten waren, auf welche dieselbe zuletzt zurückzuführen, das dürfte die vorstehende Untersuchung zu ihrem Theile von Neuem an's Licht herausgestellt haben.